Sommaire

Introduction	7
Comment utiliser ce guide	9
Guide de prononciation	14
Accent tonique et rythme	24
80 leçons pour apprendre l'anglais	29
Verbes irréguliers	190
Solutions des exercices	192
Index grammatical	193
Lexique français anglais	198
Lexique anglais français	211

To Hans, Kate and Bram

L'écrivain hongrois Georges MIKE qui avait gagné l'Angleterre au début de la seconde guerre mondiale publia en 1947 « *How to be an alien* », petit ouvrage qui relate avec une verve digne de Montesquieu toutes les étapes marquant son apprentissage d'une langue et d'une civilisation si différentes de ce qu'il pouvait trouver sur « le continent ».

Aujourd'hui, et sans vous faire quitter votre fauteuil, **E. Van Wesenbeeck** vous convie au même voyage, au rythme d'un quart d'heure par jour. Si vous n'avez pas le soleil, vous aurez, à coup sûr, le sourire. Au bout de 80 jours, vous étonnerez votre entourage et vous vous surprendrez vous-même : vous savez donc parler anglais ! Ce n'était donc pas plus difficile que cela !

La recette ? Elle est simple : en vous identifiant au petit homme vert découvrant la Grande-Bretagne, vous sauterez un à un, avec méthode et souplesse, tous les obstacles que le débutant ne manque pas de trouver sur son chemin. Le secret de la méthode se trouve dans la décrispation : vous ne butez plus indéfiniment sur les difficultés, mais vous progressez en gardant intacte votre faculté d'étonnement et partant, d'assimilation.

Le livre refermé, l'Angleterre ne sera plus une lointaine planète, les Anglais auront cessé de vous paraître martiens et, quant aux Anglaises, O.V.N.I. soit qui mal y pense...

Comment utiliser ce guide

QUELQUES CONSEILS PRATIQUES

Chaque leçon présente une structure bien définie.

■ **Les leçons impaires** comprennent :
1. Une phrase-clé présentant une nouvelle structure grammaticale, un court dialogue étroitement lié au dessin humoristique et la traduction en français.
2. Le vocabulaire nouveau de la leçon, avec la transcription phonétique entre crochets.
3. Des commentaires grammaticaux portant sur le dialogue et, parfois, des conseils importants pour la prononciation.

■ **La structure des leçons paires** est quelque peu différente :
1. Ici aussi, la leçon est construite autour d'une phrase-clé qui est reprise dans un tableau de substitution permettant d'approfondir et de compléter le problème grammatical abordé.
2. La liste des mots nouveaux et des commentaires grammaticaux supplémentaires.
3. Des exercices avec leur corrigé qui permettront de vérifier si les nouveaux mécanismes et le vocabulaire ont été correctement assimilés. Toutes les dix leçons, nous avons prévu un test global, très souvent sous forme d'un jeu (cryptogrammes, etc.).

LES DIALOGUES

Malgré les multiples limitations qui ne résultent que de la nécessité d'aborder très progressivement la grammaire en avançant prudemment, les dialogues ont été écrits dans une langue résolument naturelle et spontanée, en intégrant dans une large mesure les expressions et les particularités de l'anglais d'aujourd'hui. L'anglais est une langue en évolution constante et ce qui passe aujourd'hui pour acceptable et moderne fera déjà vieillot demain. C'est ainsi par exemple, que nous avons remplacé l'expression « Pull your socks up » (« Il faut faire mieux que ça »), expression correcte bien entendu mais utilisée depuis des années, par celle plus moderne et dans le vent « Pull your finger out ! » (« Grouille-toi ! »).

Nous avons également voulu éviter un langage 'bébête' pour faciliter la tâche à l'utilisateur. Mais il importait tout autant d'éviter d'en faire une anthologie d'idiotismes plus ou moins latents et donnant un dialogue artificiel. Bref, nous avons voulu reconstituer la langue telle que la parlent les Anglais aujourd'hui.

Au départ de la plupart des dialogues, il y a un dessin humoristique, une situation plus ou moins comique où nous retrouvons notre martien. Il est important dans la mesure où il vous permettra de saisir le dialogue 'en situation'.

LES TRADUCTIONS

Dans la traduction française des dialogues de base, nous avons tenté d'épouser au mieux le rythme et l'esprit de la phrase anglaise ; ceci a pour conséquence que notre traduction, tout en respectant l'esprit du dialogue anglais, prend parfois des libertés avec la lettre de celui-ci. Aussi recommandons-nous aux utilisateurs de se reporter au **vocabulaire** pour vérifier le sens de chaque mot hors contexte. La confrontation (traduction française hors contexte / mot anglais dans son contexte) sera d'autant plus profitable à l'acquisition des mots nouveaux.

Cette remarque vaut également pour l'étude des verbes dans la partie **grammaire**. Chaque fois qu'il est nécessaire, on consultera les tableaux de substitution indiquant les emplois (compléments, prépositions) du verbe. Ces emplois ne sont en effet pas toujours indiqués dans la rubrique **vocabulaire** qui se borne aux définitions générales.

LE VOCABULAIRE

Chaque dialogue est suivi par une liste présentant les mots nouveaux, les expressions et les tournures, ainsi que la transcription phonétique entre crochets. Dans la mesure du possible, ce vocabulaire et ces tournures sont repris dans les leçons suivantes pour permettre au lecteur de bien les assimiler.

La traduction du vocabulaire ne tient compte que du sens que le mot a dans son contexte.

A la fin de l'ouvrage, on retrouvera tous les termes classés par ordre alphabétique.

LA GRAMMAIRE

L'on entend dire parfois que la connaissance de la grammaire anglaise serait totalement superflue, en arguant du fait que les enfants apprennent la langue ' en jouant '. L'on voit même très souvent des professeurs bien intentionnés encourager leurs élèves à adopter une attitude d'enfant pour apprendre plus facilement à maîtriser une langue étrangère, méthode qui dans certaines circonstances peut se révéler fructueuse.

Nous avons considéré que la majorité de nos lecteurs qui parviennent à dégager un quart d'heure par jour ont d'autres chats à fouetter et seraient mieux servis avec un processus d'apprentissage cognitif et lucide, qui ne néglige pas la grammaire. Ce qui ne veut pas dire que les explications grammaticales doivent être un objectif en soi, nous les considérons plutôt comme une bouée de sauvetage que l'utilisateur aura toujours sous la main.

Un indice alphabétique en fin de volume présente la solution de tous les problèmes grammaticaux.

QUELQUES CONSEILS ENCORE

1. Lisez et relisez le dialogue jusqu'à l'avoir compris. Le vocabulaire et la traduction pourront utilement vous aider. Ensuite lisez le dialogue à haute voix en vous

12 . COMMENT UTILISER CE GUIDE

appuyant sur la transcription phonétique qui est donnée derrière les mots.

Relisez encore le dialogue en vous efforçant de le comprendre sans recourir à la traduction.

2. Etudiez la grammaire à la page suivante. Les exemples ont été empruntés au dialogue et il peut être utile de retourner à celui-ci pour chacun des exemples pour resituer ces exemples dans leur contexte.

3. Etudiez ensuite les tableaux de substitution à la leçon suivante. Ces tableaux sont également basés sur le dialogue et reprennent les structures analysées dans la partie grammaticale. Ces tableaux vous permettront d'utiliser les mécanismes grammaticaux dans des phrases autres que celles du dialogue.

Prenons l'exemple du tableau de substitution de la leçon 2.

	1	2	3	4
Look!	It	is 's is not isn't	a	flying saucer bicycle taxi Rolls-Royce ferryboat hovercraft yellow submarine red double-decker
			an	aeroplane elephant airbus English car
			yellow red English	

Ce tableau reprend la structure nouvellement vue « It's a flying saucer » (c'est une soucoupe volante). La phrase comprend le pronom personnel it (1), le verbe « être » dans la forme écrite is et la forme parlée, abrégée 's (2), l'article indéfini a et an (3), suivi d'un substantif (4). C'est cette phrase qui sert de point de

départ au tableau de substitution. Certaines colonnes dans le tableau sont invariables et se retrouvent inchangées dans toutes les phrases. Seule la colonne 4 peut être étendue et peut aussi comporter, outre un article et un substantif, un adjectif (sans article alors).
Ces tableaux permettent d'assimiler les structures vues et l'ordre des mots. C'est un moyen pédagogique excellent qui permet en outre d'élargir le vocabulaire.
Il faut essayer de former le plus de phrases possible pour utiliser les mots appris au cours des leçons antérieures.
En apprenant de nouveaux mots dans une leçon ultérieure, vous pourrez également reprendre les structures exposées au cours de leçons antérieures et les intégrer dans les tableaux de substitution.

4. Enfin, faites les exercices. La solution correcte figure en bas de page et vous permettra de contrôler vos connaissances.

LA PRONONCIATION

Vous trouverez ci-dessous des explications sur les sons anglais, ainsi que les symboles phonétiques que nous avons adoptés pour les représenter, sur l'accent tonique et le rythme de la phrase. Le domaine de la phonétique étant très vaste, nous nous sommes limités à présenter l'essentiel de ce que chacun devrait savoir pour maîtriser l'anglais parlé.

Nous utiliserons le système qui a été préconisé par Daniel Jones dans son « Everyman's English Pronouncing Dictionary » et qui se base sur l'alphabet de l'Association Phonétique Internationale (API). Dans cet alphabet, chaque signe représente un son.

Guide de prononciation

VOYELLES ET CONSONNES

Schéma illustrant les principales différences entre les voyelles françaises et anglaises.

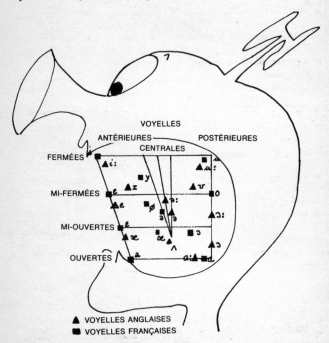

Le schéma est la représentation conventionnelle de la cavité buccale, indiquant en quelque sorte la position horizontale et verticale de la langue.

■ **Dans l'axe horizontal,** (la partie de la langue qui articule) on peut distinguer :
— les voyelles antérieures *(front vowels)* : c'est la pointe de la langue qui est dirigée vers l'avant du palais. *Exemple :* [iː] [ɪ] [e] [æ]

ɪ	comme dans « pretty », « fish »	iː	comme dans « leave », « see »
e	comme dans « friend », « red »	ɑː	comme dans « car », « France »
æ	comme dans « cat », « catch »	ɔː	comme dans « lawn », « walk »
ʌ	comme dans « jump », « bus »	uː	comme dans « food », « you »
ɔ	comme dans « knock », « stop »	əː	comme dans « first », « girl »
ʊ	comme dans « sugar », « good »		
ə	comme dans « cup<u>board</u> », « <u>a</u>bout »		
eɪ	comme dans « may », « rain »	əʊ	comme dans « old », « post »
aɪ	comme dans « eye », « I »	aʊ	comme dans « house », « now »
ɔɪ	comme dans « noise », « enjoy »		
ɪə	comme dans « beer », « here »		
ɛə	comme dans « chair », « where »		
ʊə	comme dans « poor », « sure »		
p	comme dans « pie »	b	comme dans « bird »
t	comme dans « tea »	d	comme dans « darling »
k	comme dans « can »	g	comme dans « good »
f	comme dans « feel »	v	comme dans « vegetable »
θ	comme dans « think »	ð	comme dans « this »
s	comme dans « sensible »	z	comme dans « zoo »
ʃ	comme dans « shoe »	ʒ	comme dans « pleasure »
tʃ	comme dans « child »	dʒ	comme dans « gin »
h	comme dans « hot »		
m	comme dans « my »	r	comme dans « right »
n	comme dans « nose »	w	comme dans « wet »
ŋ	comme dans « sing »	j	comme dans « yes »
l	comme dans « love »		

— les voyelles centrales *(central vowels)* : c'est le milieu de la langue qui se dirige vers le milieu du palais. *Exemple:* [ə] [əː] [ʌ]
— les voyelles postérieures *(back vowels)* : la partie postérieure de la langue s'élève vers le palais mou. *Exemple:* [ɑː] [ɔ] [ɔː] [ʊ] [uː]

■ **Dans l'axe vertical,** (le degré d'élévation de la langue) on peut distinguer quatre catégories : les voyelles fermées (la pointe, le milieu ou la partie postérieure s'élèvent jusqu'au palais), les voyelles mi-fermées, les voyelles mi-ouvertes et les voyelles ouvertes (la langue ne s'élève presque pas).

LES VOYELLES

Les voyelles tendent à s'allonger devant une consonne sonore, comme d, b, g, v, z, ð, et à raccourcir devant une consonne sourde, comme t, p, k, f, s, θ. Notons que les comparaisons avec les voyelles en français ne sont que des approximations.

■ le [iː] tendu et long, comme dans « leave », ressemble au [i] français, bien qu'il soit un peu plus ouvert. Le [iː] anglais est une voyelle longue, et comme toutes les voyelles anglaises elle est tout à fait longue, lorsqu'elle apparaît à la fin d'un mot ou lorsqu'elle est suivie d'une consonne sonore. (« see », « believe ») Elle est raccourcie devant une consonne sourde (« cheat », « cheese »). La durée d'une voyelle est donc une chose relative, celle-ci dépendant de l'entourage phonétique.

■ le [ɪ] relâché, comme dans « pretty », est plus ouvert et donc moins aigu que le [iː] tendu.

■ le [e], comme dans « cheque », est une voyelle qui se situe à mi-chemin entre le [e] (« thé ») et le [ɛ] (« j'aime ») du français. Les lèvres sont écartées.

■ le [æ], comme dans « cat », est plus ouvert que l'anglais [e], mais il est moins ouvert que le [a] du français « patte ».

■ le [ɜː], comme dans « first », rappelle la voyelle française de « beurre », bien que le son soit plus central et plus reculé en anglais et antérieur en français. En outre, il n'y a pas de projection des lèvres en anglais. Elles doivent être écartées.

■ le [ə], comme dans « cupboard », est une voyelle centrale un peu plus rétractée que le [ə] muet français. C'est une voyelle particulièrement fréquente en anglais et on ne la trouve que dans les syllabes inaccentuées.

Exemple :

There were seven teachers at the funeral.
[ðə wə sevənˈtiːtʃəz ət ðə ˈfjuːnərəl]

■ le [ʌ] comme dans « jump », est une voyelle qui est très proche de la voyelle française de « bœuf ». La voyelle [ʌ] anglaise est cependant plus ouverte et les lèvres ne sont pas arrondies.

■ le [ɑː], comme dans « car », rappelle le [ɑ] français de « hâte ».

■ le [ɔ], comme dans « knock », est une voyelle prononcée très « en arrière », assez proche de la voyelle [ɑː]. Elle est prononcée avec la langue plus reculée et les lèvres un peu moins arrondies que pour la voyelle française de « botte » ou « note ».

■ le [ɔː], comme dans « lawn », est plus fermé et plus tendu que le [ɔ] de « knock ». Les lèvres sont légèrement arrondies. La durée de cette voyelle, comme d'ailleurs toute autre voyelle, dépend de la consonne suivante. La voyelle est beaucoup plus courte lorsqu'une consonne sourde suit (« short ») [ʃɔːt].

■ le [ʊ], comme dans « sugar », est plus ouvert et moins tendu que le [uː] de « food », et se rapproche de la voyelle française [u] (« cou »). Les lèvres sont légèrement arrondies.

■ le [uː], comme dans « food », est une voyelle longue, qui est plus tendue et plus fermée que le [ʊ] de « sugar ». La durée est cependant réduite devant une consonne sourde. Les lèvres sont légèrement arrondies.
Exemple : fruit [ˈfruːt].

LES DIPHTONGUES

Une diphtongue est une sorte de voyelle double, deux sons vocaliques se réunissant dans une même syllabe. Le deuxième élément des diphtongues anglaises est soit la voyelle moyenne [ə], comme dans « beer » [ˈbɪə], soit la voyelle antérieure [ɪ], comme dans « my » [ˈmaɪ], ou la voyelle postérieure [ʊ], comme dans « house » [ˈhaʊs].

■ le [ɪə], comme dans « beer », se compose du [ɪ] relâché suivi d'un glissement vers la voyelle centrale [ə].

■ la diphtongue [ɛə], comme dans « chair », se compose d'un premier élément correspondant à la voyelle française de « mère » et d'un mouvement vers le [ə] central.

■ la diphtongue [ʊə], comme dans « poor », se compose d'un premier élément [ʊ] suivi de la voyelle [ə]. Il existe des variantes [ɔə], [ɔː].

■ la diphtongue [eɪ], comme dans « may », a comme premier élément le [e] fermé suivi d'un glissement vers le [ɪ] relâché.

■ la diphtongue [aɪ], comme dans « eye », a comme premier élément un [a] qui ressemble à la voyelle [a] du français « patte », suivi d'un mouvement vers le [ɪ] relâché.

■ la diphtongue [ɔɪ], comme dans « noise », se compose de la voyelle [ɔ] de « knock » et d'un glissement vers le [ɪ] relâché.

■ la diphtongue [ɑʊ], comme dans « house », a comme point de départ un [ɑ] plus postérieur que dans [a], suivi d'un glissement vers le son [ʊ] de « sugar ».

■ la diphtongue [əʊ], comme dans « old », a comme premier élément le [ə] central. Le second élément marque un mouvement vers le [ʊ] relâché comme dans « sugar ».

LES TRIPHTONGUES

Les triphtongues sont des groupes de trois voyelles intimement liées. Dans tous les cas un [ə] est ajouté à une diphtongue.

Exemples :

[aɪə] comme dans « diarrhoea »
[ɑʊə] comme dans « shower »
[eɪə] comme dans « player »
[ɔɪə] comme dans « lawyer »
[əʊə] comme dans « slower »

La prononciation de ces triphtongues a tendance à se simplifier. L'élément central, [ɪ] ou [ʊ] relâché, n'est pratiquement jamais prononcé, étant donné que la langue éprouverait beaucoup de difficultés à prendre trois positions différentes en une fraction de seconde.

Exemples :

tower [tɑʊə] est réduit : [tɑə] ou même [tɑː]
fire [faɪə] est réduit : [faə] ou même [fɑː]

LES CONSONNES

■ Les consonnes explosives [p, t, k], [b, d, g]

Les consonnes explosives nécessitent la fermeture complète du canal buccal, soit par les lèvres, soit par une partie de la langue.

[p] et [b] sont des **consonnes labiales**, [t] et [d] sont des **consonnes alvéolaires** (la fermeture du canal buccal se fait au-dessus des incisives supérieures) et [k] et [g] sont des **vélaires** (la fermeture du canal buccal se fait au niveau du palais mou).

En début de mot, les consonnes explosives sourdes [p], [t] et [k] sont accompagnées d'un souffle d'air assez fort. *Exemple :* pain [ˈpheɪn]. Quand vous prononcez le mot « pain » devant une allumette, la flamme devrait vaciller.

L'expiration des consonnes explosives sourdes est très importante, car la principale différence entre [p] et [b], [t] et [d] et [k] et [g], c'est la présence ou l'absence de ce souffle caractéristique. Ces consonnes ne sont cependant pas soufflées après la consonne [s] ou quand elles précèdent un [j], [w], [r] ou [l].

Exemples : « speak » [ˈspiːk]
« queen » [ˈkwiːn]
« try » [ˈtraɪ]

Une autre caractéristique des consonnes explosives de l'anglais est qu'**elles n'ont pas toujours de détente finale, d'explosion finale, en fin de mot ;** c'est ce qu'on appelle le « zero release ».

Comment peut-on différencier les consonnes anglaises situées en fin de mot ? Nous avons vu qu'une voyelle tend à s'allonger devant une consonne sonore. En effet, la durée de la voyelle qui précède les consonnes est souvent le seul indice que nous ayons pour distinguer les consonnes sourdes des consonnes sonores. Exemple : white [ˈwaɪt] blanc, wide [ˈwaɪd] large.

La différence entre les consonnes [t] et [d] en anglais et en français réside non seulement dans le degré d'expiration, mais aussi dans la position de la pointe de la langue.

[d] et [t] sont des consonnes dentales en français, et alvéolaires en anglais (la langue touche le bourrelet situé au-dessus des incisives supérieures). Ces consonnes sont donc plus antérieures en français qu'en anglais.

■ Les consonnes [m, n, ŋ]
Le [m] anglais, comme le français, est une consonne labiale. Le [n] français, par contre, se réalise différemment en anglais. [n] est une consonne dentale en français, mais alvéolaire en anglais (la langue touche la crête alvéolaire).

La consonne [ŋ], comme dans « sing » n'existe pas en français sauf dans quelques mots qui ont été empruntés à l'anglais, tels que « parking », « smoking », etc.

■ Les consonnes fricatives [f] et [v]
Une consonne est fricative, lorsqu'il n'y a pas d'occlusion complète, mais un resserrement de la bouche, produisant une impression de frottement. Ces consonnes n'offrent pas de difficultés particulières aux francophones. [f] et [v] sont des fricatives labio-dentales.

■ Les consonnes [s, z]
Ce sont des fricatives alvéolaires, qui se prononcent avec la pointe de la langue près de la crête alvéolaire.

■ Les consonnes [ʃ], [ʒ] comme dans « shoe » [ʃuː] et « camouflage » [ˈkæmʊflɑːʒ].
Ce sont des fricatives palato-alvéolaires. La pointe de la langue se lève vers les alvéoles en même temps que le dos de la langue se lève vers le palais. Le [ʒ] et le [ʃ] anglais sont grosso modo le [ʒ] et le [ʃ] que l'on entend en français dans les mots « beige » et « champagne ».

■ les consonnes [tʃ] et [dʒ] comme dans « catch » [ˈkætʃ] et « gin » [ˈdʒɪn].
[tʃ] et [dʒ] sont des affriquées, des consonnes doubles (occlusives + fricatives). Ce sont des affriquées palato-alvéolaires.

Le [tʃ] se prononce comme dans le mot français « tchèque » (qui s'oppose à « chèque ») et dans quelques emprunts, comme « match ».

[dʒ] se prononce comme le [dʒ] que l'on rencontre dans quelques mots français d'origine anglaise, comme « gin » et « job ».

■ **Les consonnes [θ, ð] comme dans « think » [θɪŋk] et « there » [ðɛə]**

Ces fricatives sont des interdentales qui n'existent pas en français. [θ] et [ð] se prononcent avec la pointe de la langue entre les dents comme on le voit dans le schéma suivant :

Imaginez que vous dites « I don't like you, so there », (« Eh bien, moi je ne t'aime pas, na ! ») en tirant la langue et en soufflant au moment que vous dites le mot « there » [ðɛə].

Mis à part quelques mots, comme « these, those, this, that, the, there » [θ] s'emploie en début et en fin de mot. *Exemple :* « think » [θɪŋk] et « mouth » [maʊθ], mais « these » [ðiːz].

[ð] s'emploie en position médiane, sauf dans certains mots empruntés au grec ou au latin. *Exemple :* « mother » [mʌðə], « father » [fɑːðə], mais « atheist » [ˈeɪθɪɪst], « athletic » [æθˈletɪk].

■ **La consonne [l]**

C'est une consonne latérale apico-dentale, qui se prononce avec la pointe de la langue contre les alvéoles des dents supérieures, tout en laissant un passage étroit pour

l'air des deux côtés de la langue. Il y a deux variétés de [l] en anglais :
1. le [l] clair,
   Exemple : leave, love.
2. le [l] sombre a une toute autre qualité. Il est articulé dans la partie postérieure de la bouche. Cette consonne vélaire n'existe pas en français.
   Exemple : — à la fin d'un mot : people [ˈpiːpl]
   — devant une consonne : milk [ˈmɪlk]

■ La consonne [r]

Le [r] anglais est une alvéolaire, et non pas une gutturale ou une uvulaire comme le [r] français. La langue se place dans une position intermédiaire entre celle qu'elle occupe pour le [ʊ] (« sugar ») et pour le [ʒ] (« beige »). Le [r] ne se prononce que devant une voyelle. *Exemple :* to order [ˈɔːdə], mais ordering [ˈɔːdərɪŋ].

■ La consonne [h]

C'est une laryngale, qui n'apparaît qu'en début de mot. Le [h] peut être comparé à l'halètement de quelqu'un qui est essoufflé. Il est très important de ne pas omettre de prononcer cette consonne, sauf dans les mots « hour », « honour », « honourable », « honest », « honesty », « heir ». Les francophones mettent fréquemment des [h] là où il ne le faut pas. *Exemple :* he is -ill.

■ Les semi-consonnes (ou semi-voyelles) [j] et [w]

La palatale [j] de « yes » et « yacht » ne pose pas de problèmes pour les francophones. Quant à [w], notons qu'il est prononcé avec moins de projection des lèvres qu'en français.

Accent tonique et rythme

ACCENT TONIQUE

En anglais, l'accentuation des syllabes est très importante.
Un mot mal accentué n'est pas compris même si les éléments qui le composent sont prononcés à la perfection.
Une syllabe accentuée est prononcée beaucoup plus fortement qu'une syllabe non accentuée. En anglais, il faut absolument connaître la place de l'accent tonique dans les mots longs pour pouvoir les prononcer convenablement. Pour vous faciliter la tâche, nous avons toujours mis le signe ' devant chaque syllabe accentuée dans les rubriques **vocabulaire**. Par exemple, le mot « comfortable » sera transcrit [ˈkʌmfətəbl] pour indiquer à la fois la prononciation de ce mot et l'accentuation. Notez que le contraste des syllabes accentuées en inaccentuées affecte la qualité des voyelles [ˈkʌmfətəbl].

LE RYTHME DE LA PHRASE

On dit que la langue est essentiellement une question de rythme, ce qui veut dire que chaque langue a son propre rythme caractéristique qui résulte du retour assez régulier d'éléments particuliers, à intervalles plus ou moins fixes, donnant un rythme que nous pourrions comparer, par exemple, au bruit de la crécelle qu'agitent les supporters d'une équipe de football, au battement du cœur, au martellement des pas qui se pressent dans les couloirs souterrains, aux mouvements gracieux des danses latino-américaines...

■ Le rythme anglais tient surtout à **l'alternance entre syllabes accentuées et inaccentuées** et nous caractérisons donc le rythme anglais comme **un rythme porté par l'accent tonique.** Non seulement nous entendons que certaines syllabes en anglais dépassent les autres, nous pouvons même nous rendre compte, même sans comprendre ce qui se dit, où se trouvent les syllabes accentuées.

L'accentuation des syllabes est ponctuée de mouvements de la tête, de froncements de sourcils, de pressions des lèvres, etc... qui répondent parfaitement au rythme parlé.

■ A cet égard, **l'anglais se distingue du français**, langue qui tend à accorder la même valeur à toutes les syllabes, qu'elles soient accentuées ou non. On parlera ici d'**un rythme syllabique** qui semble être une caractéristique des langues romanes. Toutes les syllabes ont une valeur sensiblement identique et se voient accorder une importance égale. Une phrase comme « poupée de son, poupée de cire » est faite de syllabes également audibles et donne une sensation de constance, comme le bruit d'un jouet mécanique.

Le rythme français est donc fondamentalement différent du rythme anglais. Et trop souvent les francophones ont tendance à prononcer l'anglais avec un rythme syllabique.

La périodicité du rythme anglais est due à l'apparition à intervalles plus ou moins réguliers de syllabes accentuées, indépendamment du nombre de syllabes inaccentuées qui séparent les syllabes accentuées entre elles. Remarquez les phrases suivantes (pour faciliter la lecture, les syllabes accentuées sont en capitales) :

1. JANE CAN'T MISS KAY'S JOKES présente un schéma rythmique plutôt inhabituel, comprenant 5 syllabes accentuées successives, schéma rythmique que l'on présente habituellement par da-da-da-da-da.

2. SALly NEver MISses KARen's KISses, par contre, comprend dix syllabes avec 5 accents bien marqués, répartis de manière assez régulière, ce qui donne le schéma Dadi......... Dans une langue à rythme syllabique comme le français, on pourrait s'attendre à ce qu'une phrase à dix syllabes prenne deux fois plus de temps à être dite qu'une phrase à cinq syllabes. Mais

l'énoncé de ces deux phrases anglaises, comportant le même nombre de syllabes accentuées, prend pratiquement le même temps. Comme les accents se présentent en effet avec une certaine régularité en anglais, on n'allonge pas le temps pour inclure les syllabes supplémentaires non accentuées comme dans la seconde phrase. Si bien que les syllabes inaccentuées se bousculent entre les syllabes sur lesquelles nous insisterons.

3. MARilyn ISn't disCREDiting JENnifer's EVidence. On peut imaginer une troisième phrase qui présente un rythme Dadidi. Comme dans les deux phrases précédentes, il y a 5 accents mais cette fois, avec trois fois plus de syllabes que dans la première phrase. Et cependant, cet énoncé ne demandera guère plus de temps que la prononciation du premier. Les syllabes inaccentuées se trouvent compressées entre les syllabes accentuées de manière à ce que la prochaine syllabe accentuée puisse être prononcée en respectant le rythme.

Nos trois exemples ci-dessus ont été choisis quelque peu artificiellement et présentent une régularité parfaite dans l'alternance syllabes accentuées et inaccentuées. Il est clair cependant que les phrases spontanées, qui peuvent comporter des pauses, des faux départs, des répétitions ou autres hésitations, même si elles comportent des syllabes accentuées à un rythme assez régulier, ne comprendront pas toujours le même nombre de syllabes inaccentuées entre celles-ci.

LES FORMES FORTES ET FAIBLES

Les syllabes inaccentuées, prononcées avec des voyelles réduites, parfois même à peine esquissées, nous les appelons les **weak forms.** Chacune de celles-ci a aussi sa contrepartie forte que nous rencontrerons à chaque fois que l'une d'entre elles portera un accent. On parlera alors de **strong forms.**

La voyelle dans une syllabe faible tend généralement à être plus brève, moins forte et d'une qualité différente. En effet, l'élément vocalique d'une syllabe faible peut être uniquement :

1. La voyelle [ə]
2. Une voyelle antérieure close proche de [ɪ]
3. Une voyelle close postérieure proche de [ʊ]
4. Une consonne de syllabe (dans un mot comme mutton, [ˈmʌtn̩] la deuxième syllabe faible ne contient pas de segment vocalique, elle ne comprend pratiquement que la consonne [n̩]

Exemples :

I'm leaving [aɪm ˈliːvɪŋ]
The book 's quite new [ðə bʊksˈkwaɪt ˈnjuː]
There were seven teachers at the funeral [ðəwə ˈsevən ˈtiːtʃəzətðə fjuːnərəl]
He ran as fast as he could [hɪ ˈræn əzˈfɑːst əz hɪ ˈkʊd]

Mais comment savoir en fait quelles seront dans une phrase les syllabes toniques et celles sans accent ?

■ **Les mots qui peuvent devenir faibles** appartiennent à la catégorie des mots dits **grammaticaux**, presque dépourvus de sens comme en ont généralement les noms, les verbes, les adjectifs et les adverbes. Ce sont des éléments qui indiquent les relations entre les diverses parties d'un énoncé : *les déterminants, certaines prépositions, les auxiliaires, les conjonctions et les pronoms.* Ces mots grammaticaux ou fonctionnels sont très fréquents ; leur fréquence approchant les 35 %. Ce qui veut dire qu'un mot sur trois pratiquement peut appartenir à cette catégorie. Ne vous lancez pas dans l'étude de la phonétique de l'anglais en apprenant les sons hors contexte : vous constaterez qu'il faudra « désapprendre » ces habitudes acquises quand il s'agit d'enchaîner les sons dans une phrase.

■ **Les mots lexicaux**, d'autre part, ou mots sémantiques, n'ont que rarement une forme faible. Ils gardent leur valeur dans le contexte, même s'ils sont relativement inaccentuées. Ce qui paraît évident quand on sait que ce sont eux qui portent le sens. Ils ne peuvent pas être réduits dans la même mesure que les outils grammaticaux qui ne font en général qu'office de cadre grammatical de la phrase. Nous pourrions comparer cette situation à ce qui se passe lors d'une communication téléphonique perturbée, quand on a des difficultés à se faire entendre. On ne crie pas alors des syllabes séparées et également distinctes, mais uniquement des mots ou des groupes de mots significatifs.

■ Il peut être intéressant de formuler **quelques règles générales** applicables à toutes les formes faibles. Les mots grammaticaux ont généralement une forme faible, mais **les formes fortes sont utilisées dans les cas suivants :**

1. La forme forte est utilisée quand une forme faible termine la phrase. Par exemple le mot « for » aura la forme faible dans la phrase suivante ; « This is for you » [ðɪs ɪz fə 'juː], mais quand il se présente en fin de phrase, la forme sera forte : « What's this cushion FOR » [wɒts ðɪs 'kʊʃn 'fɔː]. Toutefois les pronoms gardent toujours la forme faible, même en position finale : « Tell her » ['telə] sauf quand le locuteur désire mettre un accent particulier.
   Exemple : « He asked them » mais « he asked everyone except THEM » [hɪ 'ɑːskt ðəm] [hɪ 'ɑːskt evrɪwʌn ɪk'sept 'ðem]

2. La forme forte sera aussi utilisée quand une forme faible est opposée à un autre mot, exemple : « I gave it to him, not to her » [aɪ 'geɪv ɪt tə 'hɪm nɒt tə 'hɜː]. Et aussi lorsque deux prépositions sont reliées par une conjonction, exemple : « trains TO and FROM London ». ['treɪnz tuː ən frɒm 'lʌndn̩]

3. Une forme forte sera utilisée quand un accent particulier est mis sur une forme faible, exemple : « You MUST marry me », [jʊ 'mʌst 'mærɪ 'miː], « Antwerp is THE city to visit in spring » ['æntwəːp ɪz 'ðiː 'sɪtɪ]

4. On utilise également la forme forte quand une forme faible est mise entre guillemets : « You shouldn't put « AND » at the end of a sentence » [jʊ ʃʊd n̩t pʊt 'ænd ət ðɪ 'end əv ə 'sentəns].

80 leçons
pour apprendre l'anglais

1   *Look, Sam! It's a flying saucer*

Look, Sam! An aeroplane!
No, it is not an aeroplane.
Good heavens! It is a flying
saucer.
A flying saucer? Really?
Yes, it is.
It's a white flying saucer.
Yes, it's all white.

Regarde, Sam! Un avion!
Non, ce n'est pas un avion.
Ça alors! C'est une soucoupe volante.
Une soucoupe volante? Vraiment?
Mais oui, c'en est une.
C'est une soucoupe volante blanche.
Oui, elle est toute blanche.

VOCABULAIRE

a [ə]	un, une
an [ən]	un, une
it is, it's [ɪtɪz] [ɪts]	c'est, il est, elle est
it is not [ɪtɪz 'nɔt] [ɪtɪznt]	ce n'est pas
an aeroplane [ən 'ɛərəpleɪn]	un avion
a flying saucer [ə 'flaɪɪŋ 'sɔːsə]	une soucoupe volante
white ['waɪt]	blanc, blanche
really ['rɪəlɪ]	vraiment
all [ɔːl]	tout, complètement / entièrement
good heavens! ['gʊd 'hevnz]	mon Dieu! / Ça alors

GRAMMAIRE

1. It is: c'est, il est, elle est
Exemples:

It is a flying saucer
C'est une soucoupe volante.

Look, a flying saucer. It's white.
Regarde, une soucoupe volante. Elle est blanche.

It's
Dans la conversation courante, la forme it is est contractée en it's.
Exemple:

It's an aeroplane.
C'est un avion.

2. It is not: ce, il, elle n'est pas
Pour mettre l'expression it is à la forme négative, il faut simplement ajouter la négation not.
Exemple:

It is not an aeroplane.
Ce n'est pas un avion.

It isn't: ce, il, elle n'est pas
Dans le langage parlé, it is not se contracte presque toujours en it's not [ɪtsˈnɔt] ou it isn't (ɪtɪznt) (la deuxième syllabe n'est que très faiblement prononcée).
Exemple:

It isn't a white aeroplane.
Ce n'est pas un avion blanc.

3. L'article indéfini: a, an
Pour parler de choses pouvant être comptées on emploie l'article indéfini. Il est le même aux deux genres: un, une.
On emploie a si le nom de la chose désignée commence par une consonne, et an devant un nom qui commence par une voyelle pour permettre la liaison.
Exemple:

a flying saucer
an aeroplane

2 — Look! A yellow submarine!

Look!	It	is 's is not isn't	a	flying saucer bicycle taxi Rolls-Royce ferryboat hovercraft yellow submarine red double-decker
			an	aeroplane elephant airbus English car
			yellow red English	

VOCABULAIRE

a **bicycle** [ə ˈbaɪsɪkl]	une bicyclette
a **taxi** [ə ˈtæksɪ]	un taxi
a **Rolls-Royce** [ə ˈrəʊlzrɔɪs]	une Rolls-Royce
a **ferryboat** [ə ˈferɪbəʊt]	un ferry-boat
a **hovercraft** [ə ˈhɔvəkrɑːft]	un aéroglisseur

En anglais, le <u>h</u> est expiré et prononcé (sauf quelques exceptions)

a **submarine** [ə sʌbməˈriːn]	un sous-marin
a **double-decker** [ə ˈdʌblˈdekə]	un autobus à étage
an **elephant** [ən ˈelɪfənt]	un éléphant
an **airbus** [ən ˈɛəbʌs]	un aérobus
a **car** [ə ˈkɑː]	une voiture
yellow [ˈjeləʊ]	jaune(s)
red [ˈred]	rouge(s)
English [ˈɪŋglɪʃ]	anglais, anglaise(s)

Les adjectifs de nationalité prennent toujours la majuscule.

GRAMMAIRE

1. En anglais, **les adjectifs** sont invariables et se placent toujours devant le nom.
   Exemple :

   It's a yellow submarine.
   C'est un sous-marin jaune.

   It isn't a white flying saucer.
   Ce n'est pas une soucoupe volante blanche.

2. **L'impératif** est le mode qui exprime un commandement ou une invitation à faire quelque chose. En anglais, il n'y a qu'une forme simple pour le tutoiement et le vouvoiement.
   Exemple :

   Look! An aeroplane!
   Regarde/Regardez! Un avion!

EXERCICES

1. Mettez à la forme négative

1. It's a red double-decker. 2. It's an aeroplane. 3. It's yellow. 4. It is a taxi.

2. Mettez à la forme contractée

1. It is not a white bicycle. 2. It is an English taxi. 3. It is a red Rolls-Royce. 4. It is not a flying saucer.

3. Traduisez en anglais

1. Regarde, Sam, un avion! 2. Ce n'est pas un avion. 3. C'est une soucoupe volante. 4. Elle est blanche.

Corrigé

1. 1. It isn't a red double-decker. 2. It isn't an aeroplane. 3. It isn't yellow. 4. It isn't a taxi.
2. 1. It isn't a white bicycle. 2. It's an English taxi. 3. It's a red Rolls-Royce. 4. It isn't a flying saucer.
3. 1. Look Sam, an aeroplane! 2. It isn't an aeroplane. 3. It's a flying saucer. 4. It's white.

3 | *Is it fast?*

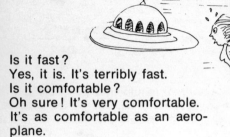

Is it fast?
Yes, it is. It's terribly fast.
Is it comfortable?
Oh sure! It's very comfortable.
It's as comfortable as an aeroplane.

Est-ce que c'est rapide?
Oui, c'est vraiment très rapide.
Est-ce confortable?
Mais, certainement! C'est très confortable.
C'est aussi confortable qu'un avion.

PRONONCIATION

<u>com</u>fortable

N'oublions pas qu'en anglais une syllabe accentuée est prononcée <u>beaucoup</u> plus fortement qu'une syllabe non accentuée. En français toutes les syllabes ont à peu près la même intensité et la même durée.

Exemple :
confortable : con - for - ta - ble

Par contre, dans le mot anglais <u>comfortable</u>, la première syllabe est prononcée particulièrement fort, tandis que le reste du mot l'est très faiblement.

Exemple :
comfortable : COMfortable

VOCABULAIRE

fast [ˈfɑːst] — rapide
comfortable [ˈkʌmftəbl] — confortable
as......as [əz... əz] — aussi......que
terribly [ˈterəblɪ] — terriblement
sure [ˈʃʊə] — certainement
very [ˈverɪ] — très

GRAMMAIRE

1. It

It est le pronom personnel singulier qui s'emploie pour tous les noms de choses en anglais. Selon le cas, il peut être traduit par « il », « elle », « ce », ou « cela ».
Exemple :

A taxi is comfortable. It's also fast.
Un taxi est confortable. Il est aussi rapide.

Look! A bicycle! It's red.
Regarde! Une bicyclette! Elle est rouge.

2. Is it... ?

Avec le verbe être en anglais, l'interrogation se fait par simple inversion (verbe + sujet) : on place le sujet simplement après le verbe qui vient en tête.
Exemple :

Is a submarine fast?
Est-ce qu'un sous-marin est rapide?

Is it comfortable?
Est-il confortable?

3. Yes, it is

Réponses courtes : généralement, en anglais on ne se contente pas de répondre à une question par un simple « oui » ou « non ». On fait suivre « yes » ou « no » par le sujet et l'auxiliaire de la phrase précédente. Si le sujet dans la question précédente est un nom, il sera remplacé par un pronom dans la réponse courte.
Exemple :

Is a submarine fast? Yes, it is.
Est-ce qu'un sous-marin est rapide? Oui.

Is it comfortable? No, it isn't.
Est-il confortable? Non.

4 — *Is it as comfortable as a helicopter?*

Is it	a	black helicopter racing car lorry			?
	an	orange yacht owl or a flying saucer			
	fast convertible orange or red expensive cheap				
	as	comfortable fast cheap	as	a helicopter ferry-boat motorbike	

Yes, No,	it	is. isn't.

Yes, it's	terribly very remarkably surprisingly incredibly	fast comfortable cheap

VOCABULAIRE

a helicopter [ˈhelɪkɔptə]	un hélicoptère
a racing car [əˈreɪsɪŋkɑː]	une voiture de course
a lorry [əˈlɔrɪ]	un camion
a yacht [əˈjɔt]	un yacht
a motorbike [əˈməʊtəbaɪk]	une motocyclette
an owl [ənˈaʊl]	un hibou
black [ˈblæk]	noir(s), noire(s)
orange [ˈɔrɪndʒ]	orange
convertible [kənˈvɜːtəbl]	décapotable(s)
expensive [ɪksˈpensɪv]	coûteux, coûteuse(s)
cheap [ˈtʃiːp]	bon marché
remarkably [rɪˈmɑːkəblɪ]	remarquablement
surprisingly [səˈpraɪzɪŋlɪ]	étonnamment
incredibly [ɪnˈkredəblɪ]	incroyablement

GRAMMAIRE

1. Adverbe de degré

L'adverbe de degré (very, terribly, remarkably, surprisingly, incredibly, etc.), modifiant un adjectif, se place devant l'adjectif.
Exemple:

Yes, it's incredibly fast
Oui, elle est incroyablement rapide

2. Le comparatif d'égalité

Le comparatif d'égalité a la structure « as + adjectif + as », se traduisant par « aussi + adjectif + que ».
Exemple:

It's as fast as an aeroplane
C'est aussi rapide qu'un avion

EXERCICES

1. Mettez à la forme interrogative
1. It's a black taxi. 2. It's very comfortable. 3. A helicopter is expensive. 4. It's as expensive as a submarine.

2. Traduisez en anglais
1. Est-ce une motocyclette? 2. Un taxi est aussi confortable qu'un avion. 3. Est-il rapide? 4. Ce n'est pas une voiture très rapide.

Corrigé
1. 1. Is it a black taxi? 2. Is it very comfortable? 3. Is a helicopter expensive? 4. Is it as expensive as a submarine?
2. 1. Is it a motorbike? 2. A taxi is as comfortable as an aeroplane. 3. Is it fast? 4. It isn't a very fast car.

5 *Hey! Listen! I am an alien*

Hey! Listen! This is a mistake!
My name is Saucerman.
I am an alien.
I'm not from this country.
I'm from outer space.

Hé! Écoute! C'est une erreur!
Je m'appelle Saucerman.
Je suis un extraterrestre.
Je ne suis pas de ce pays.
Je viens de l'espace.

VOCABULAIRE

I am [aɪ æm]	je suis
I'm [aɪm]	je suis
my [maɪ]	mon, ma, mes
this [ðɪs]	ceci
a name [ə ˈneɪm]	un nom
a mistake [əmɪsˈteɪk]	une erreur
an alien [ənˈeɪljən]	un extraterrestre
a country [əˈkʌntrɪ]	un pays
outer space [aʊtə ˈspeɪs]	l'espace intersidéral
from [frɔm] [frəm]	de (point d'origine)
to listen [təˈlɪsən]	écouter

En anglais, l'infinitif est normalement précédé de la particule « to ».

PRONONCIATION

1. **country :** le ou de country a la même prononciation que le son [ʌ] de l'anglais bus.
2. **listen :** on ne prononce pas le t dans le mot listen.
3. En anglais, les prépositions ne sont que très rarement accentuées, ce qui provoque la décoloration des voyelles qu'elles contiennent.
   Exemple :

   I'm **from** outer space. [ˈaɪm frəm ˈaʊtəˈspeɪs]

GRAMMAIRE

1. **I am :** je suis
   I (je) s'écrit toujours en majuscule, quelle que soit sa position dans la phrase.
   am (suis) est la première personne du singulier du verbe être (to be).
   Exemple :

   I am an alien
   Je suis un extraterrestre

   I'm
   Dans la conversation courante, I am est toujours contracté en I'm et se prononce [ˈaɪm].
   Exemple :

   I'm from outer space
   Je viens de l'espace

2. **I am not :** je ne suis pas
   Pour mettre l'expression I am à la forme négative, on ajoute la négation not après le verbe.
   Exemple :

   I am not an alien
   Je ne suis pas un extraterrestre

   I'm not
   Dans le langage courant l'expression I am not est généralement abrégée : I'm not. Notons que l'abréviation ne peut se porter que sur le verbe, et non sur le mot not.
   Exemple :

   I'm not from this country
   Je ne suis pas de ce pays

6 | *This is a mistake!* *My name is Saucerman*

I	am 'm	not	Saucerman Sam English French glad sad sorry	
			a	taxi-driver policeman policewoman tourist businessman
			an	English pilot alien from outer space air-hostess
			from	England France Paris London

This is my	umbrella book motorbike

VOCABULAIRE

a **taxi-driver** [ə ˈtæksɪdraɪvə] — un chauffeur de taxi
a **policeman** [əpəˈliːsmən] — un agent de police
a **policewoman** [əpəˈliːswʊmən] — une femme-agent (de police)
a **tourist** [ə ˈtʊərɪst] — un(e) touriste
a **pilot** [ə ˈpaɪlət] — un pilote
a **businessman** [ə ˈbɪznɪsmən] — un homme d'affaires
a **book** [ə ˈbʊk] — un livre
an **air-hostess** [ən ˈɛəhəʊstɪs] — une hôtesse de l'air
an **umbrella** [ən ʌmˈbrelə] — un parapluie

French [ˈfrentʃ] — français, française(s)
glad [ˈglæd] — heureux, heureuse(s)
sad [ˈsæd] — triste(s)
sorry [ˈsɔrɪ] — désolé(s), désolée(s)

GRAMMAIRE

1. **This**: ceci, celui-ci
That: cela, celui-là

This est le pronom démonstratif désignant un objet qui se trouve près de la personne qui parle. That s'emploie si l'objet est éloigné.

Exemple:

This is my umbrella
C'est mon parapluie (il est près de moi).

2. **My name is Saucerman**

L'adjectif possessif my s'accorde avec le possesseur et non avec l'objet possédé.

Exemple:

It's my umbrella (C'est mon parapluie.)
It's my motorbike (C'est ma bicyclette.)

EXERCICES

1. Traduisez en anglais
1. Je ne suis pas un homme d'affaires. 2. Mon parapluie, c'est celui-ci. 3. Je m'appelle Sam. 4. Je suis français.

2. Mettez à la forme négative
1. I am an English policewoman. 2. This is a double-decker. 3. I am from London. 4. It's my umbrella.

3. Mettez à la forme contractée
1. I am not an air-hostess. 2. It is not a submarine. 3. I am glad. 4. My name is Saucerman.

Corrigé

1. 1. I'm not a businessman. 2. This is my umbrella. 3. My name is Sam. 4. I'm French.
2. 1. I am not an English policewoman. 2. This isn't a double-decker. 3. I am not from London. 4. It isn't my umbrella.
3. 1. I'm not an air-hostess. 2. It's not a submarine (ou: It isn't a submarine). 3. I'm glad. 4. My name's Saucerman.

7 — You are so different...

Hello! My name is Saucerman
I'm sorry to bother you, but
are you a policeman?
No, you aren't a policeman.
You're so different...
And your dress is really
smashing!
How about a beer?
I'm so thirsty.

Bonjour! Je m'appelle Saucerman
Excusez-moi de vous déranger, êtes-vous un agent de police?
Non, vous n'êtes pas un agent.
Vous êtes tellement différente...
Votre robe est vraiment formidable!
Si on buvait un demi?
J'ai tellement soif.

VOCABULAIRE

you are [jʊɑː]	tu es, vous êtes
you're [jɔə] [jɔː]	tu es, vous êtes
your [jɔə] [jɔː]	ton, ta, tes, votre, vos
a dress [ə ˈdres]	une robe
a glass [ə ˈɡlɑːs]	un verre
beer [ˈbɪə]	de la bière
different [ˈdɪfrənt]	différent(s), différente(s)
smashing [ˈsmæʃɪŋ]	formidable
thirsty [ˈθəːstɪ]	assoiffé(s), assoiffée(s)
to bother [təˈbɔðə]	déranger, tourmenter
to be thirsty	avoir soif
so [ˈsəʊ]	si, tellement

PRONONCIATION

Le th de thirsty se prononce un peu comme le [s] avec le bout de la langue entre les dents. Il est figuré par [θ].

GRAMMAIRE

1. You are : tu es, vous êtes
You are est la deuxième personne du singulier et du pluriel de l'indicatif du verbe to be (être).
Exemple :

You are so different
Tu es / vous êtes tellement différent(e)(s).

You're
Dans la conversation courante, you are est contracté en you're, qui se prononce [jɔə] ou [jɔː].

2. You are not
Pour la forme négative, on ajoute simplement not après le verbe.
Exemple :

You are not a policeman.
Tu n'es / vous n'êtes pas un agent de police.

You're not et You aren't
Dans la conversation courante, on emploie les formes contractées. Notons que la forme contractée peut être soit le verbe, soit le mot not. Il existe donc deux formes contractées pour la négation, ce qui n'était pas le cas pour la première personne du singulier (I'm not).

3. Are you ? Es-tu, êtes-vous ?
Pour former l'interrogation, on place simplement le verbe are avant le sujet.
Exemple :

Are you sad ?
Es-tu / êtes-vous triste(s) ?

Notons que la forme interrogative n'est pas contractée lorsque l'auxiliaire est le premier mot de la phrase interrogative.

4. Your
L'adjectif possessif your s'accorde avec le possesseur. Il peut être traduit par ton, ta, tes, votre, vos.
Exemple :

This is your glass
C'est ton verre

This is your dress
C'est ta robe

8 — I'm so thirsty

You	are 're are not 're not aren't		young old strong special different friendly thirsty cold hot right wrong hungry
		a	strong man
		an	old woman

Who are you?	I'm	Sam Saucerman Paul Newman

What are you?	I'm	a	taxi-driver private detective dentist

VOCABULAIRE

a detective [ədɪˈtektɪv]	un détective
a dentist [əˈdentɪst]	un dentiste
a man [əˈmæn]	un homme
a woman [əˈwʊmən]	une femme
young [jʌŋ]	jeune(s)
old [ˈəʊld]	vieux, vieille(s)
strong [ˈstrɔŋ]	fort(s), forte(s)
special [ˈspeʃl]	spécial, -aux
friendly [ˈfrendlɪ]	amical, -aux
to be hungry [ˈhʌŋgrɪ]	avoir faim
to be cold [ˈkəʊld]	avoir froid
to be hot [ˈhɔt]	avoir chaud
to be right [ˈraɪt]	avoir raison
to be wrong [ˈrɔŋ]	avoir tort

GRAMMAIRE

1. **I'm hungry** : J'ai faim
   Dans certaines expressions, comme « avoir faim, soif, chaud, froid, tort, raison », le français « avoir » se traduit par la forme du verbe « to be » et non pas par « to have ».
   Exemple :

   You're wrong
   Tu as / vous avez tort

2. **Who are you ?** et **What are you ?**
   En parlant d'une personne on emploie le pronom interrogatif <u>what</u> pour s'informer de sa profession ou de son aspect, et le pronom <u>who</u> pour s'enquérir de son identité.
   Exemple :

   Who are you ? I'm Sam
   Qui êtes-vous ? Je suis Sam.
   What are you ? I'm a taxi-driver
   Qu'êtes-vous ? Je suis chauffeur de taxi.

EXERCICES

1. **Traduisez**
   1. J'ai raison. 2. Si on buvait un demi ? 3. Est-ce que Sam a faim ? 4. Qui êtes-vous ?
2. **Mettez à la forme négative**
   1. You're different (2 possibilités). 2. It's a fast aeroplane. 3. I'm cold. 4. My taxi's comfortable.
3. **Mettez à la forme interrogative**
   1. You are French. 2. It's a comfortable motorbike. 3. I am different. 4. Saucerman is an alien.

Corrigé

1. 1. I'm right. 2. How about a glass of beer ? 3. Is Sam hungry ? 4. Who are you ?
2. 1. You're not different / you aren't different. 2. It isn't a fast aeroplane. 3. I'm not cold. 4. My taxi isn't comfortable.
3. 1. Are you French ? 2. Is it a comfortable motorbike ? 3. Am I different ? 4. Is Saucerman an alien ?

9 | *They're aliens!*

Look, kangaroos!
These baby kangaroos are really cute.
Hey! Something is wrong.
That's funny!
They aren't kangaroos.
They're aliens!

Regarde, des kangourous!
Ces petits kangourous sont vraiment mignons.
Hé! Il y a quelque chose qui cloche.
C'est drôle!
Ce ne sont pas des kangourous. Ce sont des extraterrestres!

VOCABULAIRE

they are [ðeɪɑː] **they're** [ðɛə]	ils, elles sont
these [ðiːz]	ceux-ci, ces
something [ˈsʌmθɪŋ]	quelque chose
a kangaroo [əkæŋgəˈruː]	un kangourou
a baby [ə ˈbeɪbɪ]	un bébé
a baby kangaroo	un petit kangourou
wrong [ˈrɔŋ]	faux, mauvais
funny [ˈfʌnɪ]	drôle, comique

PRONONCIATION

Kangaroos
A la fin de la plupart des noms, le -s du pluriel doit se prononcer comme un [z].
Exemples:
    kangaroos [kæŋgəˈruːz]
    aliens [ˈeɪljənz]

GRAMMAIRE

1. **We are, you are, they are**
   Il n'y a qu'une seule forme pour le pluriel du verbe être : <u>are</u>.
   Exemple :

   We are from London.
   Nous sommes de Londres.

   They are different.
   Ils, elles sont différent(e)s.

   We're, you're, they're
   Dans le langage parlé, ces formes sont toujours contractées.

2. **We aren't, you aren't, they aren't**
   Prononciation : aren't [ɑːnt]
   A la forme négative, la contraction peut aussi se porter sur le verbe, comme dans <u>we're not</u>, <u>you're not</u>, <u>they're not</u>

3. **Are they ?**
   Pour former des questions, on place simplement le verbe avant le sujet.
   Exemple :

   Are they taxi-drivers ?
   Est-ce qu'ils sont chauffeurs de taxi ?

   Prononciation : la forme <u>are</u> n'est pas contractée au début de la phrase [ɑːðei ˈtæksɪdraɪvəz].

4. **Where are you from ?**
   Dans les questions commençant par <u>where</u>, la préposition peut être déplacée en fin de phrase.
   Exemple :

   Where are you from ? I'm from London.
   D'où êtes-vous ? Je suis de Londres.

5. **taxi-drivers**
   Le pluriel des noms s'obtient en ajoutant un <u>s</u> à la fin du nom. De plus, l'article indéfini <u>an</u>, <u>a</u> disparaît au pluriel.
   Exemple :

   This is an aeroplane.
   These are aeroplanes.

   Les adjectifs, par contre, sont invariables.
   Exemple :

   They're glad.
   Ils sont contents.

10 | *They're babies*

Are	they	politicians Americans millionnaires friends teenagers lawyers astronauts businessmen policewomen babies hippies spies interesting boring	?

Yes, No,	they	are aren't

VOCABULAIRE

a politician [ə pɔlɪ'tɪʃn]	un homme politique
a friend [ə frend]	un ami
a millionnaire [ə mɪljə'nɛə]	un millionnaire
a teenager [ə 'tiːneɪdʒə]	un(e) adolescent(e)
a lawyer [ə 'lɔɪə]	un avocat
a hippy [ə 'hɪpɪ]	un hippie
a spy [ə 'spaɪ]	un(e) espion(ne)
an astronaut [ən 'æstrənɔːt]	un astronaute
an American [ən ə'merɪkən]	un(e) Américain(e)
interesting ['ɪntrɪstɪŋ]	intéressant
boring ['bɔːrɪŋ]	ennuyeux

GRAMMAIRE

1. Les substantifs <u>man</u> (comme dans businessman) et <u>woman</u> (comme dans <u>policewoman</u>) ont des pluriels irréguliers. Ils ne prennent pas de « s ». <u>Man</u> [mæn] devient <u>men</u> ['men] et <u>woman</u> ['wʊmən] devient <u>women</u>. ['wɪmɪn]
   Exemple:
   Sam is a businessman.
   They are businessmen.

2. Les noms qui se terminent par consonne + <u>y</u> forment leur pluriel en remplaçant <u>y</u> par <u>ies</u>.
   Exemple:
   baby - babies
   spy - spies

EXERCICES

Un scrabble

Voici une grille de scrabble contenant tous les mots que vous avez appris jusqu'à présent. C'est à votre tour de jouer et vous avez les sept lettres (dont un joker *) qui sont indiquées ci-dessous. Comment les placeriez-vous toutes en une seule fois ?

B L A E L M*

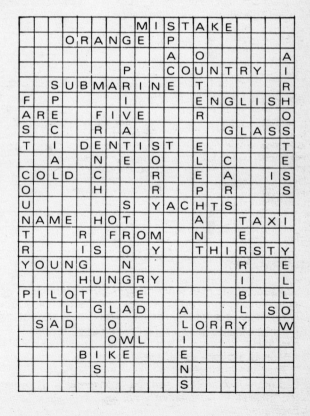

(Solution page 192).

11 | How old is he?

Look at her! Isn't she
beautiful!
Well, surprise, surprise!
This is not a girl...
It's a boy. How old is he?
Only about ten days?
His name is Rockefeller.
He's awfully rich.
How funny!
Are you rich too? Not really...

Regarde-la! Comme elle est jolie!
Ça alors! Quelle surprise! Ce n'est pas une fille...
C'est un garçon. Quel âge a-t-il?
Seulement dix jours?
Il s'appelle Rockefeller. Il est vachement riche.
Comme c'est drôle!
Es-tu riche aussi? Pas vraiment...

VOCABULAIRE

he is, she is [hiːɪz] [ʃiːɪz]	il est, elle est
he's, she's [hɪz] [ʃɪz]	il est, elle est
her [həː] [hə]	la, l', lui, elle
a surprise [əsəˈpraɪz]	une surprise
a girl [əˈɡəːl]	une fille
a boy [əˈbɔɪ]	un garçon
beautiful [ˈbjuːtəfʊl]	beau, belle
rich [ˈrɪtʃ]	riche
ten [ˈten]	dix

zero [ˈzɪərəʊ] zéro; **one** [ˈwʌn] un; **two** [ˈtuː] deux; **three** [ˈθriː] trois; **four** [ˈfɔː] quatre; **five** [ˈfaɪv] cinq; **six** [ˈsɪks] six; **seven** [ˈsevn] sept; **eight** [ˈeɪt] huit; **nine** [ˈnaɪn] neuf

well [ˈwel]	eh bien, ça alors
only [ˈəʊnlɪ]	seulement
about [əˈbaʊt]	environ
awfully [ˈɔːfʊlɪ]	énormément, terriblement, affreusement
too [ˈtuː]	aussi, également
how old is he? [haʊˈəʊldɪzhiː]	quel âge a-t-il?

GRAMMAIRE

1. **he is, she is**: il est, elle est
   <u>is</u> est la troisième personne du singulier du verbe <u>to be</u>.
   <u>he</u> (masculin) et <u>she</u> (féminin) s'emploient pour les personnes, tandis que <u>it</u> se rapporte exclusivement aux choses et à la plupart des animaux. (Au pluriel, il n'y a qu'un seul pronom personnel <u>they</u>).
   Exemple :

   He is my friend. Il est mon ami.

   he's, she's
   Les formes contractées s'emploient dans la conversation courante.
   Exemple :

   She's ten. Elle a dix ans.

2. **he is not, she is not**: elle, il n'est pas.
   La forme négative peut être contractée de deux façons :
   <u>she's not</u>, <u>he's not</u> et <u>she isn't</u>, <u>he isn't</u>.

3. **Is she, is he ?** est-elle, est-il ? est-ce qu'elle, il est ?
   L'interrogation s'obtient par simple inversion du verbe et du sujet.
   Exemple :
   Is he at home? Est-il à la maison?

4. **Rappel**: en anglais l'adjectif est toujours invariable.
   Exemple :
   He's boring, she's boring, they're boring. Il est ennuyeux, elle est ennuyeuse, ils sont ennuyeux.

5. Look at **her**
   Les pronoms personnels compléments

Look at	me him her us them it

Regarde-	moi le la nous les le/la

12 | *How funny!*

Isn't	she	beautiful	!
		intelligent	
		boring	
		curious	
		wonderful	

Comme elle est	belle	!
	intelligente	
	ennuyeuse	
	curieuse	
	merveilleuse	

What	a	surprise	!
		good idea	
		lovely house	
		funny story	
		pity	

Quelle	surprise	!
	bonne idée	
	jolie maison	
	drôle d'histoire	
Quel	dommage	

How	funny	!
	sad	
	strange	

comme c'est	drôle	!
	triste	
	étrange	

How old	are	you	?
		they	
	is	he	
		she	

Quel âge	as-tu	?
	ont-ils	
	elles	
	a-t-il	
	elle	

VOCABULAIRE

a house [əˈhaʊs]	une maison
a story [əˈstɔːrɪ]	une histoire
a pity [əˈpɪtɪ]	un dommage
an idea [ənaɪˈdɪə]	une idée
beautiful [ˈbjuːtəfʊl]	beau, belle
intelligent [ɪnˈtelɪdʒənt]	intelligent(e)
curious [ˈkjʊərɪəs]	curieux, curieuse
wonderful [ˈwʌndəfʊl]	merveilleux, merveilleuse
good [ˈgʊd]	bon, bonne
lovely [ˈlʌvlɪ]	charmant(e), ravissant(e)
funny [ˈfʌnɪ]	drôle, comique
strange [ˈstreɪndʒ]	bizarre, étrange

GRAMMAIRE

Les exclamations

1. Les exclamations avec what
<u>What</u> est suivi d'un nom précédé de l'article <u>a</u> ou <u>an</u>.
Exemple :

What a good idea! Quelle bonne idée!

2. Les exclamations avec how
<u>How</u> est suivi d'un adjectif sans nom.
Exemple :

How wonderful! C'est merveilleux!

3. Les exclamations interro-négatives
La forme interro-négative s'emploie souvent pour former des phrases exclamatives.
Exemple :

Isn't Kate beautiful! Comme elle est belle, Kate!

EXERCICES

1. Traduisez
1. Oh, la belle robe! 2. Elle a huit ans. 3. Est-ce que les chauffeurs de taxi sont gentils? 4. J'ai aussi soif.

2. Mettez à la forme contractée
1. He is not sorry (2 possibilités). 2. They are intelligent. 3. She is not ten (2 possibilités). 4. We are from London.

3. Faites des phrases à partir des éléments suivants
1. / a / what / ! / pity / 2. / not / she / to be / Paris / from / 3. / old / they / to be / how / ? / 4. / to be / not / I / hungry /

Corrigé
1. 1. What a nice dress! 2. She's eight 3. Are the taxi-drivers friendly? 4. I'm thirsty too.
2. 1. He isn't sorry / He's not sorry 2. They're intelligent. 3. She isn't ten / She's not ten 4. We're from London.
3. 1. What a pity! 2. She isn't from Paris. 3. How old are they? 4. I'm not hungry.

13 Pull your finger out and kiss her!

Saucerman is in the studio now. He's a real actor. Cindy is on the sofa. She's a very famous film star.

« Everybody! Be quiet, please! OK. Saucerman, it's dead easy. Walk to the sofa and do me a favour, pull your finger out! Sit down... don't say a word... now, take Cindy's arm... look into her eyes... Cindy, take your glasses off!... kiss her... don't laugh!... OK. Action! »

A présent, Saucerman est dans le studio. C'est un vrai acteur. Cindy est dans le canapé. Elle, c'est une vedette très célèbre.

« Attention, tout le monde! Silence, s'il vous plaît! Parfait. Saucerman, c'est très facile. Avancez-vous vers le canapé et faites-moi un plaisir, grouillez-vous! Asseyez-vous... ne dites pas un mot... maintenant, prenez le bras de Cindy... regardez-la dans les yeux... Cindy, enlevez vos lunettes!... embrassez-la... ne riez pas!... Parfait. Action! »

VOCABULAIRE

a studio [ə 'stjuːdɪəʊ]	un studio	
a sofa ['səʊfə]	un canapé	
a film star [ə 'fɪlm stɑː]	une vedette	
glasses [glɑːsɪz]	des lunettes	
a finger ['fɪŋgə]	un doigt	
a word [ə 'wəːd]	un mot	
an actor [ən 'æktə]	un acteur	
an arm [ən ɑːm]	un bras	
an eye [ən 'aɪ]	un œil	
real ['rɪəl]	vrai(e)	
famous ['feɪməs]	célèbre	
quiet ['kwaɪət]	tranquille, silencieux	
easy ['iːzɪ]	facile	
dead easy ['ded 'iːzɪ]	très facile	
to do someone a favour	faire une faveur à quelqu'un	
to sit down [tə 'sɪt 'daʊn]	s'asseoir	
to take off [tə 'teɪk 'ɔf]	enlever, ôter	

to look [tə 'lʊk]	regarder
to kiss [tə 'kɪs]	embrasser
to laugh [tə 'lɑːf]	rire
on ['ɔn]	sur
in ['ɪn]	en, à, dans (la situation)
into ['ɪntʊ]	dans, en (le mouvement)
everybody ['evrɪbɔdɪ]	tout le monde
now ['naʊ]	maintenant
pull your finger out!	grouille-toi! secoue tes puces!

GRAMMAIRE

1. **do this:** fais, faites ceci
   L'impératif est le mode qui exprime un ordre ou une invitation à faire quelque chose. Alors qu'en français il y a deux formes de l'impératif (chante, chantez), il n'existe en anglais qu'une seule forme qui est commune au singulier et au pluriel. C'est la forme de l'infinitif sans to. *Exemple:*
   Sing! (chante! ou chantez!)

2. **Au négatif** on fait précéder l'infinitif par do not. La forme contractée que l'on emploie dans le langage courant est don't, qui se prononce comme ['dəʊnt]. *Exemple:*
   Do not / don't say a word! Ne dites (ne dis) pas un mot!

3. **A l'affirmatif,** on peut employer l'auxiliaire to do pour rendre l'impératif plus persuasif. *Exemple:*
   Do sit down! Asseyez-vous donc!

4. **Take Cindy's arm**
   Pour indiquer la possession, on place le nom du possesseur devant le nom possédé qui perd son article.

   POSSESSEUR + 'S + CE QUI EST POSSÉDÉ

   It's Sam's baby. C'est le bébé de Sam.

   Si le nom du possesseur est au pluriel et se termine par un -s, on ajoute une apostrophe après le nom pour indiquer le cas possessif. *Exemple:*
   These are the taxi-drivers' cars. Ce sont les voitures des chauffeurs de taxi.

5. **Saucerman is in the studio now.**
   L'article défini « the » se prononce [ðɪ] devant les mots commençant phonétiquement par une voyelle. *Exemple:* « the eyes » [ðɪ 'aɪz] mais « the university » [ðə juːnɪ'vɜːsətɪ]. Il se prononce [ðə] devant une consonne. *Exemple:* « the car » [ðə 'kɑː]. L'article défini n'a qu'une seule forme « the » pour le masculin, le féminin et le neutre. Il s'emploie comme le français « le, la, les ».

14 | *For heaven's sake, don't get married!*

| For | heaven's
God's | sake | don't | ask questions
worry
wake the baby
tease the dog
leave me
buy that computer
believe her
fly to Brussels
get married
burn your trousers
spend your money | ! |

| It's | my friend's
his daughter's
my brother's
her father's
your sister's | hat
money
room
surfing-board
birthday |

VOCABULAIRE

a question [ə ˈkwestʃn]	une question
a dog [ə ˈdɔg]	un chien
a computer [ə kəmˈpjuːtə]	un ordinateur
a hat [ə ˈhæt]	un chapeau
a room [ə ˈruːm]	une chambre
a surfing-board [ə ˈsəːfɪŋbɔːd]	une planche à voile
a birthday [ə ˈbəːθdeɪ]	un anniversaire
a brother [ə ˈbrʌðə]	un frère
a father [ə ˈfɑːðə]	un père
a sister [ə ˈsɪstə]	une sœur
money [ˈmʌnɪ]	de l'argent
trousers [ˈtraʊzəz]	un pantalon
to ask [tʊ ˈɑːsk]	demander
to worry [tə ˈwʌrɪ]	se tracasser
to wake [tə ˈweɪk]	réveiller
to tease [tə ˈtiːz]	exciter
to get married [tə get ˈmærɪd]	se marier
to spend [tə ˈspend]	dépenser
to fly [tə ˈflaɪ]	prendre l'avion
to believe [tə bɪˈliːv]	croire
to buy [tə ˈbaɪ]	acheter
to burn [tə ˈbəːn]	brûler
to leave [tə ˈliːv]	quitter
for heaven's sake [fə ˈhevnz ˈseɪk]	pour l'amour du ciel
for God's sake [fə ˈgɔdz ˈseɪk]	pour l'amour de Dieu

GRAMMAIRE

1. trousers
En anglais, certains mots sont toujours pluriels et s'accordent avec un verbe au pluriel.
Exemples : <u>trousers</u> (pantalon), <u>pyjamas</u> (pyjama) [pəˈdʒɑːməz] <u>glasses</u> (lunettes), qui sont tous des mots désignant des objets qui se composent de deux parties.

2. money
Certains noms en anglais sont indénombrables, désignant des substances qu'on ne peut pas compter. Ils désignent une petite quantité continue, composée d'éléments non séparables.
Ils ne prennent jamais l'article indéfini <u>a</u>, et ils sont toujours au singulier.
Exemples : <u>money</u> (de l'argent), <u>sugar</u> (du sucre), <u>milk</u> (du lait), <u>cheese</u> (du fromage), etc.

Quelques mots désignant les boissons sont parfois considérés comme dénombrables.
Exemple :
How about a beer ? (voir leçon 7)
Si on buvait un demi ?

3. For heaven's sake
Le cas possessif s'emploie, en règle générale, quand le possesseur est un être vivant.
On le rencontre toutefois aussi dans des expressions toutes faites, comme <u>for</u> + ... <u>'s</u> + <u>sake</u>.

EXERCICES

1. Traduisez en anglais
1. N'achetez pas cette voiture. **2.** Ne dépensez pas votre argent. **3.** Enlève ton chapeau. **4.** Pour l'amour du ciel, regardez-moi dans les yeux.

2. Traduisez en utilisant la forme possessive.
1. N'excite pas le chien de Raquel. **2.** Est-ce l'anniversaire de ta sœur ? **3.** C'est l'idée de mon père. **4.** C'est le pantalon de Sam.

Corrigé
1. 1. Don't buy that car. **2.** Don't spend your money. **3.** Take your hat off. **4.** For heaven's sake, look into my eyes.
2. 1. Don't tease Raquel's dog. **2.** Is it your sister's birthday ? **3.** It's my father's idea. **4.** They're Sam's trousers.

15 | *This isn't mine...!*

Well, good night then...
Good night... and thank you for a lovely evening.
Is this coat yours?
No, I'm afraid it isn't. It's hers. This isn't mine either! That black coat is mine.
Here you are!

Eh bien, bonne nuit...
Bonne nuit... et merci pour cette soirée merveilleuse.
Est-ce que ce manteau est à vous?
Non, je suis désolé. C'est le sien. Et celui-ci n'est pas à moi non plus. Ce manteau noir est le mien.
Le voici!

VOCABULAIRE

mine [ˈmaɪn]	le mien, la mienne, les miens, les miennes
yours [ˈjɔːz]	le tien, la tienne, les tiens, les tiennes
hers [ˈhəːz]	le sien, la sienne, les siens, les siennes
a night [ə ˈnaɪt]	une nuit
a coat [ə ˈkəʊt]	un manteau
an evening [ən ˈiːvnɪŋ]	une soirée
lovely [ˈlʌvlɪ]	beau, ravissant, charmant
thank you [ˈθæŋk jʊ]	merci
I'm afraid [aɪm əˈfreɪd]	je crains que, je suis désolé
not... either [nɔt ˈaɪðə]	ne... pas non plus
here you are [ˈhɪə jʊ ɑː]	voici!, voilà!

PRONONCIATION

La prononciation de « r » à la fin d'un mot.
Le r en position finale ou devant consonne n'est pas prononcé.
Exemples : yours [ˈjɔːz], hers [ˈhəːz], either [ˈaɪðə], here you are [ˈhɪə jʊ ɑː]
Pour faire la liaison avec un mot suivant, commençant par une voyelle, il y a cependant une tendance à prononcer le r.
Exemple : for a lovely evening [fər ə ˈlʌvlɪ ˈiːvnɪŋ]

GRAMMAIRE

1. Les adjectifs possessifs
Aux pronoms personnels correspondent les adjectifs possessifs, dont voici la liste :

my	mon, ma, mes
your	ton, ta, tes
his ⎫	
her ⎬	son, sa, ses
its ⎭	
our	notre, nos
your	votre, vos
their	leur, leurs

Ces adjectifs, qui sont invariables en genre et en nombre s'accordent avec la personne qui possède, et non avec l'objet possédé (comme c'est le cas en français).
Exemple :

my father, my sister, my friends
mon père, ma sœur, mes amis

A la troisième personne, le choix de l'adjectif possessif dépend du possesseur, et non pas du nom qui suit.
Exemple :

Ses cheveux (les cheveux de Sam) = his hair
Ses cheveux (les cheveux de Cindy) = her hair
Ses poils (les poils du chien) = its hair

Remarque : ne pas confondre it's = it is et its

2. Les pronoms possessifs
Les pronoms possessifs suivent les mêmes règles d'accord que les adjectifs possessifs. Ils sont invariables sauf à la troisième personne du singulier où ils s'accordent en genre avec le possesseur.

mine	le mien, la mienne, les miens, les miennes, à moi
yours	le tien, la tienne, les tiens, les tiennes, à toi
his	le sien, la sienne, les siens, les siennes, à lui
hers	le sien, la sienne, les siens, les siennes, à elle
(il n'y a pas de pronom possessif neutre)	
ours	le nôtre, la nôtre, les nôtres, à nous
yours	le vôtre, la vôtre, les vôtres, à vous
theirs	le leur, la leur, les leurs, à eux, à elles

16 — Whose is that handbag? It's hers

Whose	is	that	handbag suitcase record-player newspaper magazine	?
	are	those	trousers pyjamas shoes shirts cigarettes	

It's	hers mine theirs ours my father's
They're	your brother's yours my uncle's my nephew's her sister's

She's	a	friend sister teacher	of	mine yours Sam's

VOCABULAIRE

whose? ['huːz]	à qui ?
those [ðəuz]	ceux-là, ces
a handbag [ə 'hændbæg]	un sac (à main)
a suitcase [ə 'sjuːtkeɪs]	une valise
a record-player [ə 'rekɔːd pleɪə]	un tourne-disque
a newspaper [ə 'njuːspeɪpə]	un journal
a magazine [ə 'mægə'ziːn]	une revue
a shoe [ə 'ʃuː]	un soulier
a shirt [ə 'ʃəːt]	une chemise
a cigarette [ə sɪgə'ret]	une cigarette
a brother [ə 'brʌðə]	un frère
a nephew [ə 'nevjuː]	un neveu
a teacher [ə 'tiːtʃə]	un professeur
an uncle [ən 'ʌŋkl]	un oncle

GRAMMAIRE

1. whose?
On emploie le pronom interrogatif whose pour demander à qui appartient quelque chose.
Exemple:

Whose is this shirt? A qui est cette chemise?

Whose shoes are they?
Whose peut aussi se mettre devant le nom.

2. She's a friend of mine
Le double possessif s'emploie pour traduire des expressions comme « un de mes amis », « une sœur à moi », etc.
Exemple:

It's an idea of his. C'est une idée à lui.

3. That, those
That et those au pluriel s'emploient pour désigner un objet qui est éloigné de la personne qui parle.
Exemple:

This umbrella isn't mine. But that is.
Ce parapluie n'est pas le mien. Mais celui-là est à moi.

EXERCICES

1. Remplacez par des pronoms possessifs
1. My car is more comfortable than your car. 2. That's their record-player. 3. It's my friend's. 4. Look at her shoes.

2. Traduisez en anglais
1. C'est le père du bébé. 2. Est-ce que c'est leur parapluie? Oui, c'est le leur. 3. C'est un ami à moi. 4. Ces chaussures-là sont à elle.

Corrigé
1. 1. Mine is more comfortable than yours. 2. That's theirs. 3. It's his. 4. Look at hers.
2. 1. It's the baby's father. 2. Is it their umbrella? Yes, it's theirs. 3. He's a friend of mine. 4. Those shoes are hers.

17. I'm afraid there is no room for you!

Well, here's the kitchen.
Hmm... it's rather small.
Yes, it isn't very big, but there is an electric cooker and a fridge. And there's a nice cupboard under the sink. There's also a washing machine and a dishwasher. And there are tables and chairs. Yes, but I'm afraid there's no room for me!

Ah voici la cuisine.
Hmm... elle est plutôt petite.
Oui, elle n'est pas très spacieuse, mais il y a une cuisinière électrique et un frigo. Et il y a une bonne armoire sous l'évier. Il y a aussi une machine à laver et un lave-vaisselle. Et il y a des tables et des chaises.
Oui, mais j'ai bien peur qu'il n'y ait pas de place pour moi!

VOCABULAIRE

there is, there's [ðərɪz] [ðɛəz] [ðəz]	il y a
there are [ðərɑː] [ðərə]	il y a
a kitchen [ə ˈkɪtʃn]	une cuisine
a cooker [ə ˈkʊkə]	une cuisinière
a fridge [ə ˈfrɪdʒ]	un frigo
a cupboard [ə ˈkʌbəd]	une armoire, un placard
a sink [ə ˈsɪŋk]	un évier
a washing machine [ə ˈwɔʃɪŋməʃiːn]	une machine à laver
a dishwasher [ə ˈdɪʃwɔʃə]	un lave-vaisselle
a table [ə ˈteɪbl]	une table
a chair [ə ˈtʃɛə]	une chaise
room [ˈruːm]	de la place
small [ˈsmɔːl]	petit, petite
big [ˈbɪg]	grand, grande

VOCABULAIRE

electric [ɪˈlektrɪk] — électrique
nice [ˈnaɪs] — joli, jolie
rather [ˈrɑːðə] — assez, plutôt
here [ˈhɪə] — ici
under [ˈʌndə] — sous
for [ˈfɔː] [fə] — pour

GRAMMAIRE

1. There is, there are
En anglais l'expression « il y a » se traduit par there is ou there are
 There is = il y a + singulier
 There are = il y a + pluriel
Dans la prononciation courante, there is est remplacé par la forme contractée there's [ðəz].
Exemple :
 There's a penguin in the kitchen. Il y a un pingouin dans la cuisine.
There isn't, there aren't
Pour la forme négative, on emploie there isn't et there aren't.

2. there isn't a = there is no
« Pas de » se traduit habituellement par no.
Exemple :
 There isn't a penguin under your bed.
 There is no penguin under your bed.

3. Is there ? are there ?
La forme interrogative s'obtient par simple inversion.
Exemple :
 Is there a telephone in this hotel?
 Est-ce qu'il y a un téléphone dans cet hôtel?

4. There's no room for you, I'm afraid
room est un substantif qui est tantôt considéré comme un nom comptable (dans ce cas il signifie « chambre »), tantôt comme mot non-comptable (signifiant « de la place »). En fait, c'est *un nom caméléon* qui change de sens selon le contexte dans lequel il est employé.
Exemples :
 Is there a room for us? Y a-t-il une chambre pour nous?

 Is there room for us? Y a-t-il de la place pour nous?

18 | There are some biscuits, but there isn't any strawberry jam

There	are	some	biscuits teacups matches boxes watches	under the bed on the table in the box behind you in that cupboard
	aren't	any		

There is	some	chocolate bread sugar coffee	but there isn't	any	strawberry jam butter salt tea

---

VOCABULAIRE

a biscuit [ə ˈbɪskɪt]	un biscuit
a bed [ə ˈbed]	un lit
a teacup [ə ˈtiːkʌp]	une tasse à thé
a table [ə ˈteɪbl]	une table
a match [ə ˈmætʃ]	une allumette
a box [ə ˈbɔks]	une boîte
a watch [ə ˈwɔtʃ]	une montre
chocolate [ˈtʃɔklɪt]	du chocolat
strawberry jam [ˈstrɔːbrɪdʒæm]	de la confiture de fraises
bread [ˈbred]	du pain
butter [ˈbʌtə]	du beurre
sugar [ˈʃugə]	du sucre
salt [ˈsɔːlt]	du sel
coffee [ˈkɔfɪ]	du café
tea [ˈtiː]	du thé
behind [bɪˈhaɪnd]	derrière

GRAMMAIRE

1. matches
En règle générale, on forme le pluriel d'un nom en ajoutant un -s au singulier (*Exemple :* teacups).
Les noms qui se terminent par une sifflante [s], [z], [ʃ], ou [ʒ] forment leur pluriel en -es, qui se prononce [ɪz].
Exemple : matches [mætʃɪz], boxes ['bɔksɪz]

2. some et any
Some [sʌm] [səm] peut signifier :
1) un certain nombre de, quelques, des. *Exemple :*
   There are some matches in the box. Il y a des allumettes dans la boîte.
2) une certaine quantité de. *Exemple :*
   There is some strawberry jam.

Any ['enɪ] s'emploie avec le même sens que some, dans les phrases négatives et interrogatives. *Exemples :*
   There isn't any chocolate on the table. Il n'y a pas de chocolat sur la table
   Are there any cupboards in the kitchen ? Y a-t-il des placards dans la cuisine ?

3. Some et any peuvent aussi s'employer comme pronoms (sans nom). *Exemple :*
   There aren't any. Il n'y en a pas.

4. not any peut être remplacé par la forme no, qui est plus emphatique. *Exemple :*
   There isn't any sugar in your coffee.
   There is no sugar in your coffee.
   Il n'y a pas de sucre dans votre café.

EXERCICES

Mettez les phrases suivantes à la forme négative (2 possibilités).
1. There are some chairs in the kitchen. 2. There is some butter in the fridge. 3. There are some biscuits in the cupboard 4. There are some trousers on the bed.

Corrigé
1. There aren't any chairs in the kitchen /There are no chairs in the kitchen 2. There isn't any butter in the fridge / there is no butter in the fridge 3. There aren't any biscuits in the cupboard / there are no biscuits in the cupboard 4. There aren't any trousers on the bed / there are no trousers on the bed.

19 | *I can dance the waltz*

No, I'm not very sporty.
I cannot swim. I can't ski or skate.
And I can't play cricket either.
But I can do the tango. And I can
dance the waltz and the rock 'n' roll.
Oh, can you? Rock 'n' roll is such
an exciting dance!

Non, je ne suis pas très sportif.
Je ne sais pas nager. Je ne sais pas skier
ou patiner.
Et je ne sais pas jouer au cricket non plus.
Mais je sais danser le tango. Et je danse la valse et le rock.
Oh, vraiment ? Le rock est une danse tellement chouette.

VOCABULAIRE

I can [aɪ 'kæn] [aɪ kən]	je peux (sais)
I cannot (can't) [aɪ 'kɑːnt]	je ne peux (sais) pas
a tango [ə 'tæŋgəʊ]	un tango
a waltz [ə 'wɔːls]	une valse
a dance [ə 'dɑːns]	une danse
rock-and-roll [rɔk ən rəʊl]	
rock 'n' roll	le rock
sporty ['spɔːtɪ]	sportif, sportive
exciting [ɪk'saɪtɪŋ]	passionnant(e), sensationnel(le)
to do [tə 'duː]	faire
to swim [tə 'swɪm]	nager
to skate [tə 'skeɪt]	patiner
to ski [tə 'skiː]	skier
to play cricket [tə 'pleɪ 'krɪkɪt]	jouer au cricket
to dance [tə 'dɑːns]	danser
or [ɔː] [ə]	ou
such a ['sʌtʃ ə]	si, tellement

GRAMMAIRE

1. can ['kæn] : je peux, je sais.
Can est un verbe défectif puisque certains temps et certaines formes n'existent pas.
Le verbe can ['kæn] garde la même forme à toutes les personnes du singulier et du pluriel et il est suivi de l'infinitif sans to.
En général, can est prononcé en abrégé [kən], [kn], sauf dans les cas où l'on veut donner de l'importance au mot can. *Exemple :*
   She can dance. [ʃɪ kn 'dɑːns]
   Mais : Yes, she can. [jes, ʃɪ 'kæn]

2. I cannot
Cannot est la forme négative qui s'écrit toujours en un seul mot et qui est normalement abrégée en can't. ['kɑːnt]. *Exemple :*
   They can't play cricket. Ils ne savent pas jouer au cricket.

3. can you ?
A la forme interrogative, on inverse simplement l'ordre sujet-verbe. *Exemple :*
   Can he ski ? No, he can't. Sait-il skier ? Non.

4. Emploi
Can s'emploie, entre autres, pour exprimer la capacité ou l'incapacité de faire quelque chose. *Exemple :*
   He can drive. Il peut (sait) conduire.
Can s'emploie aussi pour demander la permission. *Exemple :*
   Can I use your umbrella ? Tu me prêtes ton parapluie ?

5. It's such an exciting dance
Such et so s'emploient pour rendre les adjectifs plus emphatiques. Ils se traduisent par « si, tellement ».

So s'emploie quand l'adjectif n'est pas suivi d'un nom. *Exemple :*
   It's so exciting ! C'est tellement amusant !

Such a, an s'emploie lorsqu'il y a un nom après l'adjectif. *Exemple :*
   It's such an exciting evening ! Quelle soirée passionnante !

20 | *Can she speak Italian?*
Yes, she can

My husband	can	play	cricket
His wife			football
They			basketball
She			hockey
I			
We			the piano
			violin
			guitar

Oh, can	he	?
	she	
	they	

Can	you	speak	Italian	?
	she		French	
	he		Spanish	
		drive		
		answer this question		

Yes,	I	can
	she	
No,	he	cannot

I	can't	drive	either
She		sing	
		dance	

VOCABULAIRE

a husband [ə ˈhʌzbənd]   un mari
a wife [ə ˈwaɪf]   une femme (mariée)
a piano [ə pɪˈænəʊ]   un piano
a violin [ə vaɪəˈlɪn]   un violon
a guitar [ə ɡɪˈtɑː]   une guitare

En anglais, le verbe « to play » s'emploie sans préposition.
Devant les noms d'instruments de musique, on emploie généralement l'article the
Exemple: She can play the violin.
         Elle sait jouer du piano.
On n'emploie pas l'article the devant les noms de sports.
Exemple: I can play football.
         Je sais jouer au football.

Italian [ɪˈtæljən]   italien
Spanish [ˈspænɪʃ]   espagnol

VOCABULAIRE

to drive [tə ˈdraɪv]	conduire
to sing [tə ˈsɪŋ]	chanter
to speak [tə ˈspiːk]	parler
to answer [tʊ ˈɑːnsə]	répondre

GRAMMAIRE

1. Réponses brèves
En anglais, on répond à une question par une courte affirmation/négation reprenant l'auxiliaire et le pronom de la phrase qui précède.
Exemples :

Are there any computers here? Yes, there are
                                      No, there aren't

Can she drive a car?   Yes, she can
                                      No, she can't

2. Reprises interrogatives
Une reprise interrogative peut s'employer comme réponse brève, au sens de « Ah, vraiment ? », « Ah oui ? »
Exemple :

My husband can play cricket. Can he?
Mon mari sait jouer au cricket. Ah oui ?

EXERCICE

Une anagramme
Changez l'ordre des lettres des mots français et faites-en des mots anglais. Vous les connaissez tous.
Exemple : brun est l'anagramme de burn.

1. picole
2. priseurs
3. rachète
4. pécha
5. trisse

Solutions :
1. police
2. surprise
3. teacher
4. cheap
5. sister

21 | *He's lifting a very heavy weight*

Saucerman isn't much of an athlete. He can't lift heavy weights. That's true. He isn't strong but he's very clever. Look! He's lifting a very heavy weight.
You're kidding! He's too frail. He can't even lift a pail of water.
Nonsense! Look! He IS lifting a very heavy weight.

Saucerman n'est pas ce qu'on appelle un athlète. Il est incapable de soulever des poids lourds. C'est vrai. Il n'est pas costaud, mais il est très intelligent. Regarde! Il soulève un poids très lourd.
Tu rigoles! Il est trop faible. Il ne pourrait même pas soulever un seau d'eau.
Mon œil! Regarde! Il est en train de le faire.

VOCABULAIRE

a weight [ə 'weɪt]	un poids
a pail [ə 'peɪl]	un seau
an athlete [ən 'æθliːt]	un athlète
water ['wɔːtə]	de l'eau
nonsense! ['nɔnsəns]	à d'autres! foutaise!
strong ['strɔŋ]	fort(e)
clever ['klevə]	intelligent(e)
heavy ['hevɪ]	lourd(e)
frail ['freɪl]	faible, fragile
true ['truː]	vrai(e)
to lift [tə 'lɪft]	soulever
you're kidding! [jʊə 'kɪdɪŋ]	tu blagues! tu rigoles!
too ['tuː]	trop
even ['iːvn]	même

GRAMMAIRE

1. Le présent progressif
Le présent progressif se forme à l'aide du verbe « to be » + participe présent en -ing.
Exemple :

Look ! He is lifting a heavy weight.

Il est surtout employé pour une action qui est en train de se dérouler, pour un événement qui est en cours au moment où l'on parle.
Exemple :

It's raining.
Il pleut (maintenant).

2. He isn't lifting it.
La forme négative s'obtient en plaçant not après l'auxiliaire.
Is it raining ?
La forme interrogative s'obtient en plaçant l'auxiliaire avant le sujet.

3. a pail of water
water est un mot non-comptable et, par conséquent, ne prend pas l'article indéfini.
La distinction entre substantifs comptables et non-comptables est très importante en anglais, d'autant plus que plusieurs noms, qui sont non-comptables en anglais, sont répertoriés comme comptables en français. (*Exemples :* bread, information).

Il est cependant toujours possible de « comptabiliser », de « quantifier » un nom non-comptable à l'aide d'expressions passe-partout :
Exemples :

a pail of water	un seau d'eau
a drop of water	une goutte d'eau
a glass of water	un verre d'eau
a pinch of salt	une pincée de sel
a loaf of bread	un pain
a piece of information	un renseignement

22 | *She isn't sunbathing, she's swimming*

What	are	you they	doing?
	is	she	

I	'm	sunbathing	now
		having a good time	
She	's	swimming in the sea	
		sitting in an armchair	
They	're	playing hide and seek	
		eating ice-cream	

Are	you they	seeing him leaving coming having a party	tomorrow		?
			next	week	
				month	
				Monday	

VOCABULAIRE

the sea [ðə ˈsiː]	la mer
a week [ə ˈwiːk]	une semaine
a month [ə ˈmʌnθ]	un mois
an armchair [ənˈɑːmˈtʃɛə]	un fauteuil
ice-cream [ˈaɪsˈkriːm]	crème glacée
Monday [ˈmʌndɪ]	lundi
to sunbathe [tə ˈsʌnbeɪð]	prendre le soleil, bronzer
to come [tə ˈkʌm]	venir
to leave [tə ˈliːv]	partir
to sit [tə ˈsɪt]	être assis
to see [tə ˈsiː]	voir
to play hide and seek [ˈhaɪdn̩ ˈsiːk]	jouer à cache-cache
to have a good time [ə gʊd ˈtaɪm]	bien s'amuser
to have a party [ə ˈpɑːtɪ]	recevoir du monde
next [ˈnekst]	prochain
tomorrow [təˈmɔrəʊ]	demain

GRAMMAIRE

1. **sunbathing, swimming**
   Quand le verbe se termine par un seul e, ce e disparaît avant la terminaison -ing.
   Exemple : they're coming.
   Dans le cas des verbes d'une seule syllabe, comme to swim, to sit, et se terminant par une consonne précédée d'une seule voyelle, la consonne est redoublée.
   Exemple : I'm sitting in an armchair.

2. Le présent progressif s'emploie aussi en parlant d'un événement qui aura lieu prochainement, pour exprimer les intentions, les projets.
   Exemple :

   He's coming tomorrow.
   Il arrive demain

EXERCICES

1. **Mettez les verbes au présent progressif et formez des phrases.**
   1. to play / now / tennis / Elisabeth. **2.** Sam / what / do / ? / **3.** ice-cream / not / they / to eat / **4.** hide and seek / they / ? / play /

2. **Traduisez**
   1. Je ne sais pas nager. **2.** Je suis en train de danser le rock **3.** Mon mari est en train de jouer de la guitare. **4.** Tout ça c'est des blagues !

Corrigé

1. **1.** Elisabeth is playing tennis now. **2.** What are you doing? **3.** They aren't eating ice-cream. **4.** Are they playing hide and seek?

2. **1.** I can't swim. **2.** I'm dancing the rock 'n' roll. **3.** My husband is playing the guitar. **4.** You're kidding!

23 | *What are you doing?*
I'm sleeping...

I can't see you. What on earth are you doing?
What are you looking at? You're looking at me, aren't you?
No, dear, I'm not. I'm sleeping.
You're not asleep, are you? You're smoking a cigar.
Smoking cigars in bed is one of your bad habits!

Je ne parviens pas à te voir. Que diable fais-tu?
Qu'est-ce que tu regardes? Tu me regardes, n'est-ce pas?
Non, chérie. Je dors.
Tu ne dors pas, hein? Tu es en train de fumer un cigare.
L'une de tes mauvaises habitudes est de fumer des cigares au lit.

VOCABULAIRE

one [ˈwʌn]	un, une
a habit [ə ˈhæbɪt]	une habitude
a cigar [əsɪˈgɑː]	un cigare
dear [ˈdɪə]	chéri, chérie
bad [ˈbæd]	mauvais, mauvaise
to look at [tə ˈlʊkæt]	regarder
to smoke [tə ˈsməʊk]	fumer
to sleep [tə ˈsliːp]	dormir
to be asleep [təbiːəˈsliːp]	dormir

GRAMMAIRE

1. You're looking at me, aren't you?
Comment dire « n'est-ce pas ? »
En anglais, on emploie les « question tags » (petites questions reprenant l'auxiliaire et le pronom sujet) en fin de phrase pour solliciter l'accord ou la confirmation et le cas échéant, le désaccord ou le démenti.
Deux cas se présentent :

1. Phrase affirmative, tag négatif (+ , −)
Quand la phrase de départ est affirmative, l'auxiliaire est repris sous sa forme négative et contractée et il est suivi du pronom sujet.
Exemple :
  You're looking at me, aren't you?
  Vous me regardez, n'est-ce pas ?
Si le sujet de la phrase de départ est un nom, il est toujours remplacé par le pronom correspondant.
Exemple :
  London taxis are comfortable, aren't they?
  Les taxis de Londres sont confortables, n'est-ce pas ?
Contraction irrégulière : I'm late, aren't I?

2. Phrase négative, tag positif (− , +)
Quand la phrase de départ est négative, on reprend l'auxiliaire dans sa forme positive et on le fait suivre par le pronom sujet.
Exemple :
  You aren't French, are you?
  Vous n'êtes pas français, n'est-ce pas ?

2. Smoking cigars is one of your bad habits.
La forme en -ing (gérondif) peut être sujet d'une phrase.
Exemple :
  Smoking is bad for your health.
  Fumer, c'est mauvais pour la santé.

3. I can't see you. What are you looking at?
Look at = regarder
See (s'emploie sans préposition) = voir
Exemples :
  I can't see you. (Je ne peux pas te voir.)
  I'm looking at you. (Je te regarde.)
Watch = regarder quelque chose qui bouge.
Exemple :
  She's watching TV. (Elle regarde la télé.)

24 — Who are you looking at?

She	is	listening to the radio staying at this hotel reading a newspaper	,	isn't	she	?
	isn't	having breakfast brushing her teeth writing a letter helping her mother watching television		is		

What	are	they	listening looking looking	to at for	?
Who			talking waiting	to for	

Who	is	wearing	a	dinner-jacket tie bowler hat necklace	?

She	is
They	are

VOCABULAIRE

a radio [ə ˈreɪdɪəʊ]	une radio
a hotel [ə həʊˈtel]	un hôtel
a tooth (*pl.* **teeth**) [əˈtuːθ] [ˈtiːθ]	une dent
a mother [ə ˈmʌðə]	une mère
a letter [ə ˈletə]	une lettre
a dinner-jacket [ə ˈdɪnə ˈdʒækɪt]	un smoking
a tie [ə ˈtaɪ]	une cravate
a bowler hat [ə ˈbəʊlə ˈhæt]	un (chapeau) melon
a necklace [ə ˈneklɪs]	un collier
to look for [tə ˈlʊk fə]	chercher
to listen to [tə ˈlɪsən tə]	écouter
to stay [tə ˈsteɪ]	être installé à
to read [tə ˈriːd]	lire
to write [tə ˈraɪt]	écrire
to have breakfast [tə ˈhæv ˈbrekfəst]	prendre le petit déjeuner
to help [tə ˈhelp]	aider
to brush [tə ˈbrʌʃ]	brosser
to talk to [tə ˈtɔːktə]	parler à
to wait for [tə ˈweɪtfə]	attendre
to wear [tə ˈwɛə]	porter

VOCABULAIRE

Méfiez-vous des faux amis !

a dinner-jacket	un smoking
a camping site	un camping
a car park	un parking
a dance hall	un dancing

GRAMMAIRE

1. They're looking at me. (Ils me regardent.)

Certains verbes français qui ont un complément direct se traduisent en anglais par des verbes à préposition.
Exemple :

They're waiting for me. Ils m'attendent.
I'm listening to her. Je l'écoute.

2. Who are you waiting for ?
Dans les questions commençant par <u>who</u>, <u>which</u>, <u>what</u>, <u>where</u>, la préposition peut être déplacée en fin de phrase.
Exemple :

Where are you from ? D'où êtes-vous ?
What are you looking at ? Que regardes-tu ?

EXERCICES

Complétez les phrases en ajoutant des questions-tags.
1. You're French, ... ? **2.** There is some coffee, ... ? **3.** You can ski, ... ? **4.** That dinner-jacket is expensive, ... ? **5.** They aren't listening to me, ... ? **6.** She can't dance the tango, ... ? **7.** Saucerman is an alien, ... ? **8.** There aren't any oranges, ... ?

Corrigé
1. You're French, aren't you ?
2. There is some coffee, isn't there ?
3. You can ski, can't you ?
4. That dinner-jacket is expensive, isn't it ?
5. They aren't listening to me, are they ?
6. She can't dance the tango, can she ?
7. Saucerman is an alien, isn't he ?
8. There aren't any oranges, are there ?

25 | Don't look dear... I think they're breeding!

I'm dying for a long, cold drink.
Well, there's a pub over there.
Let's go and get one. Well I never! Don't look dear. I think they're breeding.
You what?
You know what I mean. Come on, Mindy, I want to go home.
You aren't serious, are you? He's just a nice, friendly chap. There is no need to get upset. I want to stay.

Je meurs d'envie de prendre un grand verre bien froid. Eh bien, voilà justement un café là-bas. Allons donc prendre un verre. Ça par exemple! Ne regardez pas, chérie. Je pense qu'ils sont en train de faire des petits.
Quoi ça?
Vous savez ce que je veux dire. Venez, Mindy, je veux rentrer.
Vous plaisantez, ou quoi? C'est tout simplement un type gentil et sympathique. Il n'y a pas de quoi être choqué. Moi, je veux rester.

VOCABULAIRE

a long drink [ə 'lɔŋ 'drɪŋk]	un grand verre, un bon coup
a pub [ə 'pʌb]	un café, un bistrot
a chap [ə 'tʃæp]	un type
cold ['kəʊld]	froid(e)
serious ['sɪərɪəs]	sérieux, sérieuse
to think [tə 'θɪŋk]	penser
to know [tə 'nəʊ]	savoir
to mean [tə 'miːn]	vouloir dire
to go and get [tə 'gəʊ ən 'get]	aller chercher
to breed [tə 'briːd]	se reproduire
to go home [tə 'gəʊ 'həʊm]	rentrer (à la maison)
to get upset [tə 'get ʌp'set]	se vexer, être bouleversé(e)

to stay [tə ˈsteɪ]	rester
to die for [tə ˈdaɪfə]	mourir d'envie de
over there [ˈəʊvə ˈðɛə]	là-bas
well I never! [ˈwel aɪ ˈnevə]	ça par exemple!
come on! [ˈkʌm ˈɔn]	viens donc!, allons!
there is no need to [ðɛəz nəʊˈniːd tə]	il n'est pas nécessaire de

GRAMMAIRE

1. I think they're breeding
Etats d'âme
Certains verbes exprimant des sentiments (to love, to hate, ...), des sensations (to hear, to see, ...) ou des processus intellectuels (to know, to think, ...) ne s'emploient pas à la forme progressive. Ces verbes se mettent toujours au présent simple, même lorsqu'ils se rapportent au moment présent. *Exemple:*
  I want a drink now.
  Je veux boire maintenant.

2. I want an ice-cream
Le présent simple
Le présent simple a la même forme que l'infinitif.
  I want, you want, we want, they want to go home.

3. I do not want an ice-cream
Pour construire la forme négative, nous utilisons l'auxiliaire <u>do</u>, auquel nous ajoutons la négation <u>not</u>.
Exemple:
  I do not want to go home.
Dans la langue parlée, on emploie la forme contractée: <u>don't</u> [dəʊnt]– *Exemple:*
  I don't want an ice-cream.

4. I think that they are swimming. (Je pense qu'ils sont en train de nager.)
Remarquez que le mot « that » (« que ») peut être omis. *Exemple:*
  I think they are swimming.

5. Go and get a drink
Après le verbe <u>to go</u> et <u>to come</u>, on emploie souvent dans la langue parlée « and + verbe » au lieu du « to + infinitif ». *Exemples:*
  Come and have a drink.
  Viens prendre un verre.
  Go and get a drink.
  Va chercher un verre.

26 We don't want to go home

I / We / They / You	want	an	aspirin / ice-cream / apple pie / explanation
	don't want		bananas / raspberries / Brussels sprouts
		to	go home / wear punk jewels / learn English / meet Bruce Springsteen / buy a new dictionary

I	think / don't think	(that)	he is in the house / they like whisky / they understand Russian / she can do that cross-word puzzle / he's watching a thriller

Let	us / 's	dance / go for a walk / stay in bed / clear the table / make the beds / go and get one

VOCABULAIRE

an aspirin [ən 'æspərɪn] — une aspirine
an apple pie [ən 'æpl paɪ] — une tarte aux pommes
an explanation [ən ɛksplə'neɪʃn] — une explication
a banana [ə bə'nɑːnə] — une banane
a raspberry [ə 'rɑːzbərɪ] — une framboise
a dictionary [ə 'dɪkʃənrɪ] — un dictionnaire
a house [ə 'haʊs] — une maison
  house = maison, un bâtiment d'habitation
  home = maison, endroit où l'on est chez soi
    <u>at home</u> : my sister is at home
    <u>home</u> : she's going home (déplacement)
a cross-word puzzle — mots croisés
[ə 'krɔswəːd 'pʌzl]
a thriller [ə 'θrɪlə] — un (roman) policier
  jewel [ə 'dʒuːəl] — un bijou

Russian [ˈrʌʃən]	le russe, Russe, russe
whisky [ˈwɪskɪ]	du whisky
Brussels sprouts [ˈbrʌslz ˈspraʊts]	choux de Bruxelles
new [ˈnjuː]	nouveau, nouvelle
to want [tə ˈwɔnt]	vouloir
to learn [tə ˈləːn]	apprendre
to meet [tə ˈmiːt]	rencontrer
to buy [tə ˈbaɪ]	acheter
to go for a walk [tə ˈgəʊ fər ə ˈwɔːk]	(aller) se promener
to clear [tə ˈklɪə]	débarrasser (la table)
to make the beds [tə ˈmeɪk ðə ˈbedz]	faire les lits
to understand [tʊ ʌndəˈstænd]	comprendre
to like [tə ˈlaɪk]	aimer

GRAMMAIRE

1. **Let's go for a walk.** (Allons nous promener).
   Let's (let us) + infinitif sans to sert à former la première personne du pluriel de l'impératif.

2. **Go and get one**
   Le mot one [ˈwʌn] s'emploie pour éviter la répétition d'un substantif déjà exprimé.
   Exemple :
   I'm dying for a drink. Let's go and get one.
   J'ai envie de boire. Allons chercher un verre.

EXERCICES

1. **Traduisez les phrases suivantes :**
   1. Que regardez-vous ? 2. Ils veulent jouer à cache-cache. 3. Je ne veux pas lire ce journal. 4. Ils veulent des framboises.

2. **Mettez les phrases suivantes à la forme négative :**
   1. I know her. 2. They think it's your whisky. 3. She can stay, can't she ? 4. I want some oranges.

Corrigé

1. 1. What are you looking at ? 2. They want to play hide and seek. 3. I don't want to read that newspaper. 4. They want raspberries.

2. 1. I don't know her. 2. They don't think it's your whisky. 3. She cannot stay, can she ? 4. I don't want any oranges.

27 | *She loves me...!*

Elle m'aime
Elle ne m'aime pas.

Elle m'aime !

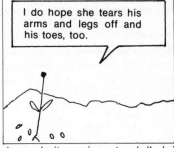

Houra !
Elle M'AIME !
Elle M'AIME !

Je souhaite vraiment qu'elle lui arrache les bras, les jambes et aussi les orteils.

Normalement, on fait ce petit « test » en disant : « she loves me, she loves me not. »

VOCABULAIRE

a leg [ə ˈleg]	une jambe
a toe [ə ˈtəʊ]	un orteil
an arm [ən ˈɑːm]	un bras
to love [tə ˈlʌv]	aimer
to hope [tə ˈhəʊp]	espérer
to tear off [tə ˈtɛərɔf]	arracher
hurray [hʊˈreɪ]	hourra
too [ˈtuː]	aussi

PRONONCIATION

She **loves** me!
Pour faire ressortir un mot dans la phrase on lui donne un supplément d'intensité au détriment des autres mots. Tout énoncé anglais peut ainsi recevoir presque autant de sens différents qu'il comporte de mots. *Exemple:*

She **loves** me! (Elle m'aime. Vous insistez sur le fait qu'elle vous aime!)

She loves me! (C'est elle qui m'aime!)

She loves **me**! (C'est moi qu'elle aime!)

Let's go for a walk
Le r ne se prononce que devant une voyelle. *Exemple:*

a red apple [ə ˈred ˈæpl] mais dear mother [ˈdɪə ˈmʌðə]

Le r a cependant tendance à être prononcé pour faire la liaison avec un mot suivant commençant par une voyelle (« linking [r] »). *Exemple:*

This is for me. [ðɪsɪz fə ˈmiː] (c'est pour moi.)

let's go for a walk. [ˈlets ˈgəʊ fərə ˈwɔːk] (allons nous promener)

GRAMMAIRE

1. **She loves me.**
   Le présent simple prend <u>-s</u> à la troisième personne du singulier.
2. **She does not love me.**
   La forme négative s'obtient avec l'auxiliaire <u>does</u> auquel on ajoute la négation <u>not</u>. Remarquez que le -s de <u>loves</u> a disparu à la forme négative; on le retrouve dans l'auxiliaire <u>do</u>.
   <u>Does not</u> se contracte en <u>doesn't</u>. [ˈdʌznt]
   Exemple:
   She doesn't want to tell her age. Elle ne veut pas dire son âge.
3. **I do hope it's true.**
   L'auxiliaire <u>do</u> peut être employé pour insister sur ce qu'on dit.
   Exemple:
   I do hope it's true. J'espère vraiment que c'est vrai.
4. **I hope she tears his arms off.**
   Très souvent on emploie le présent simple après <u>I hope</u>.
   Exemple:
   I hope she tears his arms off. J'espère qu'elle lui arrachera les bras.

28 — He wants to do the cleaning, but he doesn't want to make the beds

He	wants to doesn't want	to	do	the cleaning the cooking the shopping her a favour his best business with me his military service
			make	a decision a phone call a speech a cake money trouble the beds her happy

VOCABULAIRE

a phone call [ə ˈfəʊn ˈkɔːl]	un coup de téléphone
a cake [ə ˈkeɪk]	un gâteau
a speech [ə spiːtʃ]	un discours
to do the cleaning [tə duː ðə ˈkliːnɪŋ]	faire le ménage
to do the cooking [tə duː ðə ˈkʊkɪŋ]	faire la cuisine
to do the shopping [təˈ duː ðə ˈʃɒpɪŋ]	faire les courses
to do someone a favour [təˈ duː əˈfeɪvə]	rendre un service à quelqu'un
to do one's best [tə ˈduː wʌnz ˈbest]	faire de son mieux
to do business [tə ˈduː ˈbɪznɪs]	faire des affaires
to do one's military service [ˈmɪlɪtrɪ ˈsəːvɪs]	faire son service militaire
to make a decision [tə ˈmeɪk ədɪˈsɪʒən]	prendre une décision
to make money [tə ˈmeɪk ˈmʌnɪ]	gagner de l'argent
to make trouble [təˈ meɪk ˈtrʌbl]	causer des ennuis
to make happy [təˈ meɪk ˈhæpɪ]	rendre heureux, heureuse
with [ˈwɪð]	avec

VOCABULAIRE

to do et to make
Les deux verbes signifient faire, mais avec les nuances suivantes :

1. to do s'emploie quand on parle d'une action, sans préciser laquelle.
   Exemple :
   What are you doing?

2. to make a le sens de créer ou produire quelque chose qui n'existait pas auparavant.
   Exemple :
   She's making a cake.

3. finalement, to make et to do entrent dans un grand nombre d'expressions idiomatiques, qui défient la classification.
   Exemple :
   She's doing me a favour.
   She's making a phone call.

GRAMMAIRE

I hope she tears his arms off.
to tear off est un verbe composé dont la particule adverbiale off peut se mettre avant ou après le nom complément.
Exemple :
 I hope she tears off his arms.
 I hope she tears his arms off.
Si le complément d'objet est long, il est cependant préférable de placer la particule adverbiale devant.
Exemple :
 I hope she tears off his arms, his legs and also his toes.

EXERCICES

Traduisez les phrases suivantes :
1. Elle ne veut pas manger des framboises. 2. Je veux faire un discours. 3. Allons faire les lits 4. Je n'aime pas les choux de Bruxelles.

Corrigé
1. She doesn't want to eat raspberries. 2. I want to make a speech. 3. Let's make the beds. 4. I don't like Brussels sprouts.

29 *Do you want me to take it down?*

Cheer up, Mindy. I know what's on your mind.
I know it's a funny place to put up a tent.
Do you want me to take it down?
You don't want to leave the camping site, do you?
Well, I don't mind, as long as there isn't an earthquake.
Anyway, what difference does it make? We can always sleep in your tent.
I don't see why not, as long as you don't snore!

Courage, Mindy. Je sais ce qui te tracasse.
J'admets que c'est un endroit curieux pour dresser une tente.
Tu veux que je la démonte ? Tu ne veux quand même pas quitter le camping ?
Écoute, ça ne me dérange pas, tant qu'il n'y a pas de tremblement de terre.
De toute façon, cela ne fait pas grande différence. Nous pouvons toujours dormir dans ta tente.
Je n'y vois pas d'inconvénient, tant que tu ne ronfles pas.

VOCABULAIRE

a tent [ə 'tent]	une tente
a camping site [ə 'kæmpɪŋ 'saɪt]	un camping
a difference [ə 'dɪfrəns]	une différence
a place [ə 'pleɪs]	un endroit

Le mot place est un mot dénombrable : a place = un endroit. Le mot room, par contre, est indénombrable et se traduit par « de la place ». *Exemple :*
This is a funny place to put up a tent.
There's room for two in my tent.

an earthquake [ən 'ɜːθkweɪk]	un tremblement de terre
funny ['fʌnɪ]	drôle
to put up (a tent) [tə 'pʊt ʌp]	dresser

to take down [tə 'teɪk daʊn]	démonter
to leave [tə 'liːv]	quitter
to snore [tə 'snɔː]	ronfler
cheer up! ['tʃɪər ʌp]	courage !
I don't mind [aɪ dəʊnt 'maɪnd]	cela m'est égal
why not? ['waɪ 'nɒt]	pourquoi pas ?
as long as... [əz 'lɒŋ əz]	tant que...

GRAMMAIRE

1. Do you want to leave?

La forme interrogative s'obtient à l'aide de l'auxiliaire <u>do</u> qui se met devant le sujet.

Exemple :
Do you want to leave? Est-ce que tu veux partir?

A la troisième personne singulier du présent, <u>do</u> devient <u>does</u>.

Exemple :
Does she think it's funny? Yes, she does. Est-ce qu'elle pense que c'est drôle? Oui.

2. I want to take it down.

Dans les verbes comme to put up, to take down, les mots <u>up</u> et <u>down</u> ne sont pas des prépositions, mais des particules adverbiales. Tandis que les prépositions sont liées au mot qui suit (*Ex. :* She's **at home**), les particules adverbiales n'ont aucun rapport avec le nom qui suit. Elles sont au contraire liées intimement à la construction verbale. (*Ex. :* **take off** your hat, enlève ton chapeau).

Une particule adverbiale peut se mettre avant ou après le nom complément.

Exemple :
I want to put the tent up.
I want to put up the tent.

Si le complément est un pronom, la particule adverbiale se met toujours après le pronom.

Exemple :
I want to take it down. Je veux la démonter.

3. Do you want me to take it down?

La proposition infinitive

Pour traduire en anglais une phrase comme « Je veux que vous partiez », on a recours à une construction dite *proposition infinitive* :

want + nom ou pronom complément + to-infinitif

I want her to do the cleaning. Je veux qu'elle fasse le ménage.

30 — What does she want me to do?

Do	aliens they you	like detest	pop music cartoons fish and chips orange squash		?
		want	to	stay in Paris eat pancakes wear earrings	
			me to	park the car try sell my house	

Yes,	they I	do	
No,		we	don't

Yes, I	think	they	do
No,	don't think	I	

What	does	she	want	?

She	wants	to	stay at home fly to Rome be with you

Who	wants	to	stay at home fly to Rome be with me	?

She	does

She	wants	to	find the key, have lunch	doesn't	she	?
	doesn't want		visit us have a shower	does		

Yes,	she	does	
No,			doesn't

VOCABULAIRE

a cartoon [ə kɑːˈtuːn] un dessin animé
a key [ə ˈkiː] une clef
a pancake [ə ˈpænkeɪk] une crêpe
an earring [ən ˈɪərɪŋ] une boucle d'oreilles
orange squash de l'orangeade
  [ˈɔrɪndʒ ˈskwɔʃ]
pop music [ˈpɔp ˈmjuːzɪk] de la musique pop
fish and chips [ˈfɪʃən ˈtʃɪps] poisson frit servi avec des frites

to detest [tə dɪˈtest] détester
to park [tə ˈpɑːk] garer

VOCABULAIRE

to try [tə 'traɪ] — essayer
to sell [tə 'sel] — vendre
to visit [tə 'vɪzɪt] — rendre visite
to have lunch [tə 'hæv 'lʌntʃ] — déjeuner (à midi)
to have a shower [tə 'hævə 'ʃaʊə] — prendre une douche

GRAMMAIRE

1. Who wants to be with me?
<u>Do</u> et <u>does</u> ne s'emploient pas dans les questions dont le sujet est <u>who</u> ou <u>what</u>.
Exemple :

What does she want? (what [wɔt] = complément)
Who wants to see me? (who ['huː] = sujet)

2. She wants to fly to Rome, doesn't she?
Si la phrase principale ne comprend pas d'auxiliaire, les « question tags » se forment à l'aide de <u>do</u> et <u>does</u>.
Exemples :

She wants to fly to Rome, doesn't she?
Elle veut prendre l'avion pour Rome, n'est-ce pas?
They don't want to stay there, do they?
Ils ne veulent pas rester là, n'est-ce pas?

EXERCICES

1. Mettez les phrases suivantes à la forme interrogative.
1. They want an explanation. **2.** She wants some bananas. **3.** I think she's right. **4.** We can do it.

2. Transformez les phrases suivantes en questions commençant par what?
1. I want to read a newspaper. **2.** She's drinking orange squash. **3.** She likes fish and chips. **4.** They think they can drive.

Corrigé

1. 1. Do they want an explanation? **2.** Does she want any bananas? **3.** Do you think she's right? **4.** Can we do it?

2. 1. What do you want to read? **2.** What is she drinking? **3.** What does she like? **4.** What do they think?

31 | *He sometimes walks like a chimpanzee...*

Saucerman is a rather weird fellow. He often talks to himself. He sometimes walks like a chimpanzee and always makes funny noises. When it rains, he says: «I hope it never stops raining!». Yes, and he is green all over. I sometimes think he's from outer space.

Saucerman est un type plutôt bizarre. Il parle souvent seul. Parfois il marche comme un chimpanzé et il fait toujours des bruits étranges. Quand il pleut, il dit : « J'espère qu'il ne s'arrêtera jamais de pleuvoir ! » Oui, et il est complètement vert. Parfois je pense qu'il vient d'une autre planète.

VOCABULAIRE

a fellow [ə ˈfeləʊ]	un type
a chimpanzee [ə tʃɪmpənˈziː]	un chimpanzé
a noise [ə ˈnɔɪs]	un bruit
green [ˈgriːn]	vert, verte
weird [ˈwɪəd]	étrange, drôle
to talk [tə ˈtɔːk]	parler
to walk [tə ˈwɔːk]	marcher
to rain [tə ˈreɪn]	pleuvoir
to say [tə ˈseɪ]	dire
to stop [tə ˈstɔp]	s'arrêter
sometimes [sʌmˈtaɪmz]	parfois
never [ˈnevə]	jamais
often [ˈɔfn]	souvent
always [ˈɔːlweɪz]	toujours
rather [ˈrɑːðə]	assez, plutôt
all over [ˈɔːlˈəʊvə]	partout, sur toute la surface

GRAMMAIRE

1. He often talks to himself.
Le présent simple est employé pour parler d'actions habituelles, de ce qui se passe d'habitude, parfois, rarement ou jamais.
C'est pourquoi le présent simple est employé avec des adverbes, comme <u>often</u> (souvent), <u>always</u> (toujours), <u>occasionally</u> (à l'occasion), <u>sometimes</u> (parfois), <u>usually</u> (d'ordinaire) ou avec des locutions adverbiales comme <u>on Tuesdays</u> (le mardi), <u>once a year</u> (une fois par an), <u>every month</u> (chaque mois), etc.
Exemple :
  They never drink whisky. Ils ne boivent jamais de whisky.
Si, par contre, nous faisons allusion à une action qui est en train de se passer, nous employons le présent progressif :
Exemple :
  She's drinking whisky (at the moment). Elle boit du whisky (maintenant).

2. She often drinks tea.
Les adverbes de « fréquence » se mettent normalement entre le sujet et le verbe (et non, comme en français, entre le verbe et le complément d'objet).
Exemple :
  She often brushes her teeth. Elle se brosse souvent les dents.
Si la phrase contient les verbes <u>am</u>, <u>are</u>, <u>is</u>, l'adverbe se met après le verbe.
Exemple :
  She's always late. Elle est toujours en retard.
A la forme interrogative, l'adverbe se met toujours après le sujet.
Exemple :
  Does she often brush her teeth ?

3. He plays tennis on Sundays.
Les expressions de temps, comme <u>every day</u> (tous les jours), <u>once a month</u> (une fois par mois), <u>on Sunday</u>(s) (le dimanche), qui se composent de plusieurs mots, se placent en général à la fin de la phrase.
Exemple :
  He plays tennis on Sundays. Il joue au tennis le dimanche.

32. How often does he go to the cinema?

How often	do	you they	go to the theatre do the cooking work alone in the evening have a bath	?
	does	she he	take the dog to the veterinary send her a present quarrel wash the dishes have dinner in town cut the lawn shave	

VOCABULAIRE

the cinema [ðə 'sɪnəmə]	le cinéma
the theatre [ðə 'θɪətə]	le théâtre
an evening [ən 'iːvnɪŋ]	un soir, une soirée
a bath [ə 'bɑːθ]	un bain
a dog [ə 'dɔg]	un chien
a veterinary [ə 'vetnrɪ]	un vétérinaire
a present [ə 'preznt]	un cadeau
the dishes [ðə 'dɪʃɪz]	la vaisselle
a town [ə 'taʊn]	une ville
a lawn [ə 'lɔːn]	une pelouse
Monday ['mʌndɪ]	lundi
Tuesday ['tjuːzdɪ]	mardi
Wednesday ['wenzdɪ]	mercredi
Thursday ['θəːzdɪ]	jeudi
Friday ['fraɪdɪ]	vendredi
Saturday ['sætədɪ]	samedi
Sunday ['sʌndɪ]	dimanche
on Friday	le vendredi
on Friday morning ['mɔːnɪŋ]	le vendredi matin
on Friday afternoon ['ɑːftə'nuːn]	le vendredi après-midi
on Friday evening ['iːvnɪŋ]	le vendredi soir
to take [tə 'teɪk]	mener, conduire
to send [tə 'send]	envoyer
to quarrel [tə 'kwɔrəl]	se disputer
to wash [tə 'wɔʃ]	laver
to have dinner [tə 'hæv 'dɪnə]	dîner
to shave [tə 'ʃeɪv]	se raser
to cut [tə 'kʌt]	couper

GRAMMAIRE

1. I hope it never stops raining.
Verbes employés substantivement.
Après certains verbes on emploie la forme en -ing.
Exemple :
I hope it never stops raining.
J'espère qu'il ne s'arrêtera jamais de pleuvoir.

2. He's a rather weird fellow.
Rather et fairly signifient « assez, plutôt », mais fairly est surtout associé à des adjectifs (ou adverbes) à connotation positive tandis que rather s'associe à des adjectifs à connotation négative.
Exemple :
He's fairly clever.
Il est assez intelligent.
He's rather strange.
Il est plutôt bizarre.

EXERCICES

1. Mettez les adverbes entre parenthèses à leur place correcte dans la phrase.
1. Does he help his mother (always) ? 2. They go to the theatre (every Saturday). 3. She is late (often). 4. We stay in bed (never).

2. Traduisez en anglais.
1. Nous allons au cinéma une fois par semaine. 2. Parfois il envoie un cadeau. 3. Je prends tous les jours un bain. 4. Combien de fois te brosses-tu les dents ?

Corrigé
1. 1. Does he always help his mother ? 2. They go to the theatre every Saturday. 3. She is often late. 4. We never stay in bed.
2. 1. We go to the cinema once a week. 2. He sometimes sends a present. 3. I have a bath every day. 4. How often do you brush your teeth ?

33 | *Saucerman is going to have tea with the Queen...*

Saucerman is going to have tea with the Queen.
Is he?
Yes, and he's going to invite her to his planet. He's also going to give her a nice present. I'm sure she's going to like it.
They're going to play chess later today.
But the Queen isn't a very good player. Look, she's losing her queen. « Checkmate! » Look, how pale the Queen is. I think she's going to faint!

Saucerman va prendre le thé avec la Reine.
Ah oui?
Oui, et il va l'inviter sur sa planète. Il va aussi lui donner un beau cadeau. Je suis sûr qu'elle va l'apprécier.
Ils vont jouer aux échecs plus tard dans la journée. Mais la reine ne joue pas très bien. Regarde, elle perd sa dame. « Échec et mat! » Regarde, comme la reine est pâle! Je crois qu'elle va s'évanouir.

VOCABULAIRE

a queen [ə ˈkwiːn]	une reine (une dame aux échecs)
a planet [ə ˈplænɪt]	une planète
a player [ə ˈpleɪə]	un joueur, une joueuse
checkmate [ˈtʃekmeɪt]	échec et mat
nice [ˈnaɪs]	joli, jolie
pale [ˈpeɪl]	pâle
later [ˈleɪtə]	plus tard
to have tea [tə ˈhæv ˈtiː]	prendre le thé
to give [tə ˈgɪv]	donner
to play chess [tə ˈpleɪ ˈtʃes]	jouer aux échecs
to lose [tə ˈluːz]	perdre
to think [tə ˈθɪŋk]	croire, penser
to faint [tə ˈfeɪnt]	s'évanouir
today [tə ˈdeɪ]	aujourd'hui

GRAMMAIRE

1. He's going to have tea with the Queen
Le verbe I'm going + to-infinitif est une des façons dont on se sert pour exprimer le futur.
Exemple :
   She's going to stop smoking.
   Elle va s'arrêter de fumer.

Be going to s'emploie pour exprimer :

1. **l'intention** : l'engagement à exécuter une action, une résolution.
   Exemple :
      They're going to play chess this afternoon.
      Ils vont jouer aux échecs cet après-midi.

2. **la prédiction,** la certitude qu'un événement va se produire.
   Exemple :
      I think she's going to faint.
      Je crois qu'elle va s'évanouir.

2. He's going to give her a present.
Les verbes à deux compléments.
Certains verbes comme to give, to send, to buy, to write, etc. peuvent être suivis de deux compléments d'objet : le complément direct et le complément indirect.
Exemple :
   He's going to write a letter to the Queen.
   Il va écrire une lettre à la reine.

Dans cet exemple, le complément d'objet indirect suit le complément direct et est introduit par la préposition to. Souvent le complément indirect précède le complément direct et dans ce cas il n'y a pas de préposition.
Exemple :
   He's going to give the Queen a present.
   Il va donner un cadeau à la reine.

Si l'un des compléments est un pronom, il est préférable de placer le pronom en premier lieu.
Exemple :
   She's going to send me a postcard.
   Elle va m'envoyer une carte postale.

34 — *She's going to give him a kiss*

We They	're	going to	give them a kiss meet him at the station tell the truth drive her to the airport have steak and mushrooms introduce him to the Queen show him the garden climb mountains sit next to the Queen forgive them
He She	's isn't		

He's going to send	a present to his aunt a letter to his parents
	it to his aunt it to his parents
	her a present them a letter
	it to her it to them

VOCABULAIRE

a kiss [ə ˈkɪs]	un baiser
a station [ə ˈsteɪʃən]	une gare
the truth [ðə ˈtruːθ]	la vérité
an airport [ən ˈɛəpɔːt]	un aéroport
a steak [ə ˈsteɪk]	un bifteck
a mushroom [ə ˈmʌʃrʊm]	un champignon
a garden [ə ˈɡɑːdn]	un jardin
a mountain [ə ˈmaʊntɪn]	une montagne
an aunt [ən ˈɑːnt]	une tante
parents [ˈpɛərənts]	des parents
to tell [tə ˈtel]	dire
to introduce [tʊ ɪntrəˈdjuːs]	présenter
to show [tə ˈʃəʊ]	montrer
to climb [tə ˈklaɪm]	gravir
to sit [tə ˈsɪt]	s'asseoir
to forgive [tə fəˈɡɪv]	pardonner
next to [ˈneks tʊ]	à côté de

PRONONCIATION

to climb [tə ˈklaɪm]
mb se prononce [m] en fin de mot (le b est muet)

GRAMMAIRE

1. **She's going to give it to me.**
   Si le complément direct et indirect sont des pronoms, on met de préférence le pronom complément direct en premier lieu.

2. **How pale the Queen is!**
   Attention à l'ordre des mots dans les exclamations.
   L'adjectif vient immédiatement après how et le sujet précède le verbe.
   Exemple :
   How pale the Queen is!
   Comme la reine est pâle!

EXERCICES

1. **Traduisez.**
   1. Montre-moi le jardin. **2.** Je vais écrire une lettre à ma tante. **3.** Ils vont manger des champignons, n'est-ce pas? **4.** Est-ce qu'il va me le donner?

2. **Remplacez les noms par des pronoms correspondants.**
   1. Saucerman and his wife are leaving. **2.** We are listening to the Queen. **3.** The train is late. **4.** I cannot write a letter.

Corrigé

1. **1.** Show me the garden. **2.** I'm going to write a letter to my aunt. **3.** They're going to eat mushrooms, aren't they? **4.** Is he going to give it to me?

2. **1.** They are leaving. **2.** We are listening to her. **3.** It's late. **4.** I cannot write it.

35 *I'm busy now. You must come back when you're better!*

At the doctor's.
Doctor, it's urgent.
I'm sorry. I'm busy now. You must come back when you feel better.
I feel terribly ill, doctor.
What is the trouble?
Well, doctor, I suffer from severe stomach pains.
Any other symptoms? Headache, diarrhoea, dizziness? I'm going to give you a prescription for those stomach pains. But you must stop smoking. And you must try to get more exercise.
Thank you, doctor.

Chez le docteur.
Docteur, c'est urgent.
Je suis désolé. Je suis occupé en ce moment. Revenez quand vous vous sentirez mieux.
Je me sens terriblement malade, docteur.
Qu'est-ce qui ne va pas?
C.a.d., docteur, je souffre de fortes douleurs à l'estomac.
D'autres symptômes? Mal de tête, diarrhée, vertiges? Je vais vous prescrire une ordonnance pour ces maux d'estomac. Mais vous devez arrêter de fumer. Et tâchez de faire plus d'exercice.
Merci, docteur.

VOCABULAIRE

a doctor [ə ˈdɔktə]	un médecin, docteur
at the doctor's	chez le médecin
a stomach [ə ˈstʌmək]	un estomac
a pain [ə ˈpeɪn]	une douleur
a symptom [ə ˈsɪmptəm]	un symptôme
a headache [ə ˈhedeɪk]	un mal de tête
diarrhoea [daɪəˈrɪə]	de la diarrhée
dizziness [ˈdɪzɪnɪs]	des vertiges
a prescription [ə prɪsˈkrɪpʃn]	une ordonnance
an exercise [ən ˈeksəsaɪz]	un exercice
urgent [ˈəːdʒənt]	urgent(e)

busy [ˈbɪzɪ]	occupé(e)
severe [sɪˈvɪə]	violent(e)
better [ˈbetə]	mieux
to come back [tə ˈkʌm ˈbæk]	revenir
to feel [tə ˈfiːl]	se sentir
to suffer from [tə ˈsʌfə frəm]	souffrir de
to try [tə ˈtraɪ]	essayer
to get exercise [tə ˈget ˈeksəsaɪz]	se donner du mouvement
what's the trouble? [ˈwɔts ðə ˈtrʌbl]	de quoi souffrez-vous?

GRAMMAIRE

1. You must come back later.

Must [ˈmʌst] [mst] signifie « être obligé de », « devoir », « il faut que », « il est nécessaire que ». Cet auxiliaire must garde la même forme à toutes les personnes du singulier et du pluriel (il ne prend pas de s à la troisième personne). Il est suivi par l'infinitif sans to. *Exemple:*

He must take two aspirins.
Il faut qu'il prenne deux aspirines.

A la forme interrogative on inverse l'ordre sujet-verbe tout comme pour les auxiliaires to be et can. *Ex.:*

Must he stop smoking? Doit-il arrêter de fumer?

2. They must take this medicine.

Must exprime une obligation assez forte qui est imposée par le locuteur. *Exemple:*

They must take this medicine.
Ils doivent prendre ce médicament (et c'est ce que je leur ordonne).

3. He lives in a castle. He must be rich.

Must peut aussi exprimer une déduction logique. La forme négative est can't. *Exemple:*

He lives in a castle. He must be rich.
Il vit dans un château. Il doit être riche.
He never eats in a restaurant. He can't be rich.
Il ne va jamais au restaurant. Il ne doit pas être riche.

4. I feel terribly ill.

Ill signifie « malade » et s'emploie seulement comme attribut. Le synonyme sick s'emploie comme épithète et comme attribut. *Exemple:*

I'm sick/ill. (Je suis malade).
He's visiting his sick father. (Il rend visite à son père malade.)

Notez que « to be sick » est aussi employé dans le sens de « vomir ».

36 She must be back at 6 o'clock

She You They	must	be back at 6 o'clock go and visit that museum return the book by post switch on the radio enter the contest try to persuade him	
Must	she they	carry my suitcase paint the door come the day after tomorrow succeed spell the word set the alarm for half past five open the bottle	?

VOCABULAIRE

a museum [ə mjuːˈzɪəm]	un musée
a book [ə ˈbʊk]	un livre
a contest [ə ˈkɔntest]	un concours
a suitcase [ə ˈsjuːtkeɪs]	une valise
a door [ə ˈdɔː]	une porte
a word [ə ˈwəːd]	un mot
an alarm [ən əˈlɑːm]	un réveil
a bottle [ə ˈbɔtl]	une bouteille
to come back [tə ˈkʌm ˈbæk]	revenir
to return [tə rɪˈtəːn]	rendre, renvoyer
to switch on [tə ˈswɪtʃ ɔn]	mettre (en marche)
to persuade [tə pəˈsweɪd]	persuader, convaincre
to carry [tə ˈkærɪ]	porter
to paint [tə ˈpeɪnt]	peindre
to succeed [tə səkˈsiːd]	réussir
to spell [tə ˈspel]	épeler
to open [tʊ ˈəʊpən]	ouvrir
to enter a contest [tʊ ˈentər ə ˈkɔntest]	participer à un concours
to set the alarm for... [tə ˈset ðɪ əˈlɑːm]	mettre le réveil à...
at six o'clock [æt ˈsɪks əˈklɔk]	à six heures
at half past five [æt ˈhɑːf pɑːst ˈfaɪv]	à cinq heures et demie
by post [baɪ ˈpəʊst]	par la poste
the day after tomorrow [ðə ˈdeɪ ˈɑːftə təˈmɔrəʊ]	après-demain

VOCABULAIRE

Comment dire l'heure en anglais ?

a clock [ə 'klɔk]	une pendule
a watch [ə 'wɔtʃ]	une montre
an alarm-clock [ən ə'lɑːm'klɔk]	un réveil
an hour [ən 'auə]	une heure

h ne se prononce pas dans le mot <u>hour</u>.
C'est pourquoi l'article indéfini est <u>an</u> au lieu de <u>a</u>.

half an hour [hɑːf ən 'auə]	une demi-heure
a quarter of an hour [ə 'kwɔːtə]	un quart d'heure
a minute [ə 'mɪnɪt]	une minute
a second [ə 'sekənd]	une seconde
What time is it ? ['taɪm]	
What's the time ?	Quelle heure est-il ?
Can you tell me the time, please ?	
It's six o'clock	Il est six heures

<u>O'clock</u> s'emploie seulement pour indiquer des heures complètes. On n'emploie pas l'expression <u>o'clock</u> pour indiquer les fractions d'heures.

It's half past six	Il est six heures et demie
It's a quarter past six	Il est six heures et quart
It's a quarter to six	Il est six heures moins le quart
It's six minutes past six	Il est six heures six
It's six minutes to six	Il est six heures moins six

Si le nombre de minutes est un multiple de cinq (5, 10, 20, etc.) on peut laisser tomber le mot <u>minutes</u>.

It's five to six	Il est six heures moins cinq

EXERCICE

Lisez l'heure :

1   2   3

4   5   6   7   8

Corrigé

1. It's four o'clock. **2.** It's a quarter past five. **3.** It's half past six. **4.** It's twenty to ten. **5.** It's ten past four. **6.** It's seven minutes to four. **7.** It's eight o'clock. **8.** It's a quarter to eight.

37 — That's neither here nor there. You mustn't walk about the streets with no clothes on!

Excuse me, madam. I'm from another planet and I don't know how to get to Piccadilly Circus.
Listen, young man. You can't walk around in your... birthday suit!
Yes, madam, but I come from another planet.
That's neither here nor there. You mustn't walk about the streets with no clothes on!

Excusez-moi, madame. Je viens d'une autre planète et je ne connais pas le chemin pour Piccadilly Circus.
Écoutez, jeune homme. Vous ne pouvez pas vous promener... nu comme un ver.
Oui, madame, mais je viens d'une autre planète.
Ce n'est pas mon affaire ! Vous ne pouvez pas courir dans les rues sans vêtements.

VOCABULAIRE

a street [ə 'striːt]	une rue
clothes [ˈkləʊðz]	vêtements
madam (ma'am) [ˈmædəm]	madame
young [ˈjʌŋ]	jeune
to get [tə ˈget]	aller, se rendre à
to walk around [tə wɔːk əˈraʊnd]	se promener, rôder
to walk about [tə wɔːk əˈbaʊt]	
that's neither here nor there [ðæts ˈnaɪðə ˌhɪənɔː ˈðɛə]	cela n'a aucune importance, ce n'est pas de cela qu'il s'agit
excuse me [ɪksˈkjuːs miː]	excusez-moi

On emploie <u>excuse me</u> pour attirer l'attention de quelqu'un.
<u>I'm sorry</u>, ou <u>Sorry</u>, par contre s'emploie pour s'excuser ou pour demander une répétition.
<u>Pardon</u> est employé pour demander la répétition de ce qui n'est pas bien compris.
Exemple :
I come from Aberystwyth. Pardon? (ou : Sorry?)
Je viens de Aberystwyth. Pardon?

VOCABULAIRE

in your birthday suit
[ɪnjɔː 'bəːθdeɪ 'sjuːt]

nu comme un ver, en costume d'Adam (littéralement : dans l'habit du jour de votre naissance)

GRAMMAIRE

1. **You mustn't walk around without clothes.**
   Must peut avoir deux formes négatives : mustn't et needn't
   1. **Must not,** dont la forme contractée mustn't se prononce comme ['mʌsnt], est l'auxiliaire qui exprime une interdiction, une obligation de ne pas faire quelque chose. *Exemple :*
      When you see this sign, you mustn't overtake.
      Quand vous voyez ce signe, il est défendu de doubler.
   2. **Needn't** ['niːdnt], par contre, exprime l'absence d'obligation. Le locuteur indique qu'une action n'est pas nécessaire.
      Comme mustn't l'auxiliaire needn't ne prend pas de -s à la troisième personne, et il est suivi de l'infinitif sans to. *Exemple :*
      I'm a millionaire, so I needn't save my money.
      Je suis millionnaire, il n'est donc pas nécessaire que j'épargne mon argent.

2. **You can't walk around in your birthday suit.**
   Can't peut, tout comme mustn't, exprimer l'interdiction. *Exemple :*
   You can't eat your sandwiches here.
   Il est interdit de manger vos sandwiches ici.

3. **I don't know how to get to Piccadilly Circus.**
   Le verbe to get peut avoir plusieurs sens, selon le contexte :
   1. **to get + préposition/particule** exprime un mouvement. *Exemple :*
      I want to get off the bus. Je veux descendre du bus.
   2. **to get + objet direct** signifie « procurer », « s'acheter », « acquérir », etc. *Exemple :*
      Where can I get them ? Où puis-je en trouver ?
   3. **to get + adjectif** signifie « devenir ».
      Exemple :
      It's getting late. Il se fait tard.

38 | *You mustn't drive fast. There's a speed limit here*

You	mustn't	overtake before a zebra crossing
		turn left
		drive at more than 30 mph in a built-up area
		make a U turn on the motorway
		jump the lights
		exceed the speed limit
		drive a car after drinking alcohol
		drive on the pavement
		reverse when there are pedestrians behind you
		brake sharply except in an emergency
		sound your horn at night

She	needn't	ring the bell; I have a key.
		cook the oysters; we can eat them raw
		worry about inflation; I'm a millionaire
		drive fast; there's plenty of time

VOCABULAIRE

plenty of [ˈplentɪ əv] — beaucoup de
a speed limit [ə ˈspiːd ˈlɪmɪt] — une limitation de vitesse
a zebra crossing [ə ˈziːbrə krɔsɪŋ] — un passage pour piétons
a built-up area [ə ˈbɪltʌp ˈɛərɪə] — une agglomération
a U turn [ə ˈjuː ˈtəːn] — un demi-tour
a motorway [ə ˈməʊtəweɪ] — une autoroute
a pavement [ə ˈpeɪvmənt] — un trottoir
a pedestrian [ə pɪˈdestrɪən] — un piéton
an emergency [ən ɪˈməːdʒənsɪ] — une situation critique, une urgence
a horn [ə ˈhɔːn] — un klaxon
a bell [ə ˈbel] — une sonnette
an oyster [ən ˈɔɪstə] — une huître
alcohol [ˈælkəhɔl] — de l'alcool
fast [ˈfɑːst] — rapide(ment)
more than [ˈmɔː ðən] — plus de
raw [ˈrɔː] — cru(e)
to overtake [tʊ ˈəʊvəˈteɪk] — doubler
to turn left [tə ˈtəːn ˈleft] — tourner à gauche
to turn right [tə ˈtəːn ˈraɪt] — tourner à droite
to jump the lights [tə ˈdʒʌmp ðə ˈlaɪts] — brûler le feu rouge

VOCABULAIRE

to exceed [tʊ ɪk 'siːd]	dépasser
to reverse [tə rɪ 'vəːs]	faire marche arrière
to brake [tə 'breɪk]	freiner
to sound one's horn [tə saʊnd]	klaxonner
to ring [tə 'rɪŋ]	sonner
to cook [tə 'kʊk]	cuire
to worry about [tə 'wʌrɪ ə'baʊt]	se faire du soucis à propos de
sharply [ʃɑːplɪ]	brusquement
before [bɪ'fɔː]	devant
after ['ɑːftə]	après
behind [bɪ'haɪnd]	derrière
except [ɪk'sept]	excepté, sauf
miles per hour ['maɪlz pər 'aʊə]	miles par heure

GRAMMAIRE

You mustn't drive a car after drinking alcohol.
Lorsqu'un verbe suit immédiatement une préposition, on doit employer la forme en -ing.
Exemple :
You can't leave me without saying a word.
Tu ne peux pas me quitter sans dire un mot.

EXERCICES

1. **Traduisez en anglais**
   1. Vous ne devez pas fumer ici. 2. Il n'est pas nécessaire que tu partes. 3. Il n'a pas besoin de travailler. 4. Devez-vous prendre ce médicament ?

2. **Que devez-vous faire quand vous voyez les signaux suivants :**

Corrigé

1. 1. You mustn't smoke here. 2. You needn't go. 3. He needn't work. 4. Must you take this medicine?
2. 1. You mustn't turn left. 2. You mustn't overtake. 3. You mustn't drive at more than 30 mph. 4. You mustn't turn right.

39 I'm much faster than you...

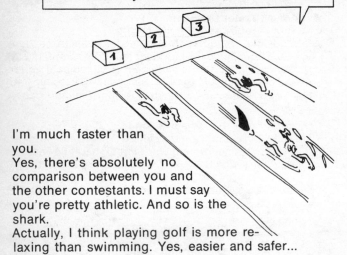

I'm much faster than you.
Yes, there's absolutely no comparison between you and the other contestants. I must say you're pretty athletic. And so is the shark.
Actually, I think playing golf is more relaxing than swimming. Yes, easier and safer...

Je suis beaucoup plus rapide que vous.
Certainement, il n'y a aucune comparaison possible entre vous et les autres concurrents. Je dois dire que vous êtes bâti en athlète. Et le requin aussi.
A vrai dire, je crois qu'il est plus relaxant de jouer au golf que de nager. Oui, c'est plus facile et moins dangereux...

VOCABULAIRE

a comparison [ə kəmˈpærɪsn]	une comparaison
a contestant [ə kənˈtestənt]	un concurrent
a shark [ə ˈʃɑːk]	un requin
easy [ˈiːzɪ]	facile
safe [ˈseɪf]	sans danger, sûr
pretty [ˈprɪtɪ]	joli(e)

<u>pretty</u> peut également être un adverbe, ayant le sens de « très », « assez »

relaxing [rɪˈlæksɪŋ]	décontractant, relaxant
other [ˈʌðə]	autre
absolutely [ˈæbsəluːtlɪ]	absolument
actually [ˈæktʃʊəlɪ]	à vrai dire
between [bɪˈtwiːn]	entre

GRAMMAIRE

1. I'm much faster than you.
Le comparatif des adjectifs courts
Les adjectifs monosyllabiques et les adjectifs à deux syllabes terminés par -y forment leur comparatif à l'aide du suffixe -er ou tout simplement -r si l'adjectif se termine déjà par un e (*Exemple* : safe / safer). Lorsque l'adjectif se termine par -y, le y change en i. (*Exemple* : easy / easier).

Le comparatif des adjectifs longs
Les adjectifs comptant deux syllabes (sauf ceux terminés par -y) ou plus ne forment pas leur comparatif à l'aide de la désinence -er, mais à l'aide du mot more placé devant l'adjectif.
Exemple : Swimming is more relaxing.

Les comparatifs irréguliers

good (bon) [ˈgʊd]	better (meilleur) [ˈbetə]
bad (mauvais) [ˈbæd]	worse (pire) [ˈwəːs]
little (peu de) [ˈlɪtl]	less (moins de) [ˈles]
much (beaucoup de) + sg. [ˈmʌtʃ]	more (plus de) [ˈmɔː]
many (beaucoup de) + pl. [ˈmenɪ]	more (plus de) [ˈmɔː]

2. She's more intelligent than you.
Le comparatif d'inégalité est suivi de la conjonction than.
Exemple :
She's more intelligent than you.
Elle est plus intelligente que vous.

3. The train is as fast as the bus. Le train est aussi rapide que l'autobus.
Le comparatif d'égalité a la structure as + adjectif + as, et pour une négation, la structure not so + adjectif + as ou not as + adjectif + as. *Voir* : leçon 4.
Exemple :
He's not so/as fast as a shark.
Il n'est pas aussi rapide qu'un requin.

4. It's getting hotter and hotter.
Le français « **de plus en plus...** » s'exprime par deux comparatifs reliés par and.
Exemple :
It's getting hotter and hotter.
Il fait de plus en plus chaud.

40 — They're much happier than me

They She	're 's	much	shorter taller lazier older worse bigger		than	me his father he is
			more	talkative sensitive attractive stubborn absent-minded careless short-sighted exhausted		

My car	is	as	expensive comfortable	as	yours theirs my father's
	is not	so	dirty dangerous		

VOCABULAIRE

short ['ʃɔːt]	petit(e)
tall ['tɔːl]	grand(e), de haute taille
lazy ['leɪzɪ]	paresseux, paresseuse
old ['əʊld]	vieux, vieille
big ['bɪg]	grand et fort

Lorsqu'un adjectif se termine par une seule consonne précédée d'une seule voyelle, on redouble la consonne au comparatif : big - bigger

talkative ['tɔːkətɪv]	bavard(e)
sensitive ['sensɪtɪv]	sensible, susceptible
attractive [ə'træktɪv]	attrayant(e)
stubborn ['stʌbən]	entêté(e)
absent-minded ['æbsənt'maɪndɪd]	distrait(e)
careless ['kɛəlɪs]	négligent(e)
expensive [ɪks'pensɪv]	cher, chère
dirty ['dɜːtɪ]	sale
dangerous ['deɪndʒrəs]	dangereux, dangereuse
short-sighted ['ʃɔːt'saɪtɪd]	myope
exhausted [ɪg'zɔːstɪd]	épuisé(e)

GRAMMAIRE

1. **I think playing golf is more relaxing than swimming.**
   La forme en -ing peut être le sujet d'une phrase.
   Exemple :

   Riding a bicycle is much easier than riding a horse.
   Il est beaucoup plus facile de faire du vélo que de faire du cheval.

2. **They're much more talkative than he is.**
   Normalement, than et as sont suivis d'un pronom personnel complément.
   Exemple :

   She's taller than me.
   Elle est plus grande que moi.

   Ils peuvent aussi être suivis d'un pronom personnel sujet, suivi du verbe.
   Exemple :

   They're much more talkative than he is.
   Ils sont beaucoup plus bavards que lui.

3. **And so is the shark.**
   « Lui aussi », « moi aussi », etc. peuvent se traduire en anglais par la phrase « so + auxiliaire + sujet ».
   Exemple :
   She's thirsty. So am I.
   Elle a soif. Moi aussi.

EXERCICE

Les mots suivants comportent **une ou plusieurs lettres qui ne sont pas prononcées.** Quelles sont ces lettres ?

1. listen. **2.** climb. **3.** answer. **4.** half. **5.** who. **6.** know. **7.** cupboard. **8.** Wednesday.

Corrigé

1. t. **2.** b. **3.** w. **4.** l. **5.** w. **6.** k. **7.** p. **8.** d.

41
I know it's for the Mini, darling, but it's the shortest exhaust in the shop

This exhaust pipe is for the Mini, isn't it?
I know it's for the Mini, darling, but it's the shortest exhaust in the shop.
Well, it's probably the shortest but it's also the most awkward to carry.

Ce tuyau d'échappement, c'est bien pour la Mini?
Je sais que c'est pour la Mini, chérie, mais c'est le plus court qu'on vend.
Dis donc, c'est probablement le plus court mais aussi le plus difficile à porter.

VOCABULAIRE

an exhaust pipe [ən ɪgˈzɔːstˈpaɪp]   un tuyau d'échappement
<u>exhaust pipe</u> est un nom composé qui s'écrit en deux mots. Certains noms composés s'écrivent avec un trait d'union, comme <u>swimming-pool</u> (piscine), d'autres s'écrivent en un seul mot, comme <u>bookseller</u> (libraire), d'autres encore ne prennent pas de trait d'union. Il n'y a pas de règles générales, il faut toujours consulter votre dictionnaire!

a shop [ˈʃɔp]	un magasin
darling [ˈdɑːlɪŋ]	chéri(e)
awkward [ˈɔːkwəd]	incommode, peu maniable
to carry [tə ˈkærɪ]	porter
probably [ˈprɔbəblɪ]	probablement

GRAMMAIRE

1. It's the shortest.

Pour former **le superlatif** on ajoute le suffixe -est aux adjectifs monosyllabiques et aux adjectifs à deux syllabes terminés par -y. Devant les adjectifs longs, on emploie le mot most. Le substantif est généralement précédé de l'article the.

Exemples :

It's the shortest exhaust.
She's the most attractive girl.
C'est la fille la plus attrayante.

Aux adjectifs se terminant par -e, on ajoute simplement -st (safe / safest). L'y précédé d'une consonne devient i (happy / happiest) et la consonne finale est doublée lorsqu'elle est précédée d'une seule voyelle (big / biggest).

Les superlatifs irréguliers
good	the best (le meilleur)
bad	the worst (le pire)
little	the least (le moins)
much/many	the most (le plus)

2. Belmondo is the most athletic actor in France.
Belmondo est l'acteur le plus athlétique de France.

En anglais, le complément qui suit le superlatif est introduit le plus souvent par in, quand on fait référence à un lieu.

3. This is the more expensive (of the two).
C'est le plus cher des deux.

Quand on compare deux éléments, on emploie souvent, dans un anglais soigné, le comparatif, tandis que le français emploie le superlatif.

Dans la langue parlée, on emploie cependant très souvent aussi le superlatif.

Exemple :

She's the strongest (of the two sisters).
Elle est la plus forte.

42. Margaret Tatcher is the most hard-headed of them all

He's the	busiest most narrow-minded worst least tolerant most hard-headed most hard-hearted	politician	of them all of the family in the world in England

The	more	I sleep chocolate I eat I listen I try I see him	, the	better fatter less less less	I feel I get I understand I succeed I want to see him

VOCABULAIRE

a family [ə 'fæmɪlɪ]	une famille
the world [ðə 'wɜːld]	le monde
chocolate ['tʃɔklɪt]	du chocolat
busy ['bɪzɪ]	occupé(e)
narrow-minded ['nærəʊmaɪndɪd]	borné(e), à l'esprit étroit
hard-headed ['hɑːdhedɪd]	obstiné(e), têtu(e)
hard-hearted ['hɑːd'hɑːtɪd]	insensible, impitoyable

hard-headed, hard-hearted et narrow-minded sont des adjectifs composés, avec la structure suivante :
adjectif + trait d'union + partie du corps + ed

tolerant ['tɔlərənt]	tolérant(e)
fat ['fæt]	gros, grosse
to understand [tʊ ˌʌndəˈstænd]	comprendre
to feel [tə 'fiːl]	(se) sentir
to succeed [tə sək'siːd]	réussir

GRAMMAIRE

The more I see him, the less I want to see him
L'augmentation ou la diminution proportionnelle s'exprime par the + comparatif ... the + comparatif (« plus ..., plus ... » / « moins ..., moins ... » / « plus ..., moins ... », etc.).
Exemple:

> The more I see him, the less I want to see him.
> Plus je le vois, moins j'ai envie de le voir.

EXERCICES

Traduisez
1. Est-ce que votre voiture est plus confortable que la mienne ?
2. Elle est la plus intelligente de nous tous.
3. Ils sont plus paresseux que nous.
4. Il n'est pas aussi borné que son frère.
5. Leur maison est plus grande que celle de Margaret.
6. Ma sœur est la plus grande (des deux).
7. Plus j'écoute, moins je comprends.
8. Il fait de plus en plus froid.

Corrigé
1. Is your car more comfortable than mine?
2. She's the most intelligent of us all.
3. They're lazier than us.
4. He is not so narrow-minded as his brother.
5. Their house is bigger than Margaret's.
6. My sister is the taller.
7. The more I listen, the less I understand.
8. It's getting colder and colder.

43

No, he can't hear you, darling. He's got his finger in his ear!

Fill her up with Super, please. And also check the oil.
Hey, sir, can you fill her up, please...
Don't insist, darling. He can't hear you, he's got his finger in his ear.

Has he? He reminds me of old uncle Paul. He always turns a deaf ear to anything I say, too.

Le plein de super, s'il vous plaît. Et voulez-vous aussi contrôler l'huile?
Hep, monsieur, le plein, s'il vous plaît...
N'insistez-pas, chérie. Il ne peut vous entendre, il a son doigt dans son oreille.
Ah oui? Il me fait penser à oncle Paul. Lui aussi refuse toujours de m'écouter.

VOCABULAIRE

oil [ˈɔɪl]	de l'huile
a finger [ə ˈfɪŋgə]	un doigt
an ear [ən ˈɪə]	une oreille
deaf [ˈdef]	sourd(e)
to fill up [tə ˈfɪl ˈʌp]	remplir
to check [tə ˈtʃek]	contrôler
to insist [tʊ ɪnˈsɪst]	insister
to hear [tə ˈhɪə]	entendre
to listen to [tə ˈlɪsn̩]	écouter
to have [tə ˈhæv]	avoir
to remind [tə rɪˈmaɪnd]	faire penser à
to turn a deaf ear to [tə ˈtɜːn ə ˈdefˈɪətu]	faire la sourde oreille à, refuser d'écouter

GRAMMAIRE

1. He has got his finger in his ear.
Le verbe have sert avant tout à indiquer la possession.

| I, You, We, They | have [ˈhæv] | He, She, It | has [ˈhæz] |

Quand le verbe <u>have</u> a le sens de posséder, il est souvent, et surtout en anglais britannique, suivi de <u>got</u>. Cette forme <u>got</u> est invariable et ne change en rien le sens du verbe <u>have</u>.
Exemple :

She has got a very nice voice.
Elle a une très jolie voix.

Quand <u>have</u> est suivi de la forme <u>got</u>, il prend souvent les formes contractées <u>'ve</u> et <u>'s</u>.
Exemple :

She's got / you've got a very nice voice.

2. They haven't got any friends. Ils n'ont pas d'amis.
La forme négative de <u>have</u> (got) est <u>have not / haven't</u> (got) et la forme négative de <u>has</u> (got) est <u>has not / hasn't</u> (got).

La forme interrogative s'obtient par simple inversion verbe-sujet. Notons que dans ce cas <u>have/has</u> ne sont pas contractés.
Exemple :

Has she got a tape-recorder?
A-t-elle un magnétophone?

3. They don't have any friends.
En anglais américain, les formes négatives et interrogatives se conjuguent avec <u>do</u> et <u>does</u>. Sous l'influence de l'américain, les Anglais aussi emploieront souvent les formes avec <u>do</u>.
Il y a par conséquent différentes manières de construire les formes négatives et interrogatives.
Exemple :

Has the taxi-driver a car?
Has the taxi-driver got a car?
Does the taxi-driver have a car?

La forme simple <u>Has he</u>... est la moins répandue dans la langue parlée.

44 — We haven't got much money, but we've got a lot of friends

We	have	got	a lot of	money
They	've		plenty of	time
			lots of	food in the house
	haven't		much	tobacco
				luggage
				furniture
				petrol

Has	she	got	many	friends	?
	he			cheques	
				sweets	
				pets	
				handkerchiefs	
				flowers	

Yes,	she	has
	he	
No,		hasn't

VOCABULAIRE

a lot of [ə 'lɔt əv]
lots of ['lɔts əv]
plenty of ['plentɪ əv] } beaucoup de, un tas de
much ['mʌtʃ]
many ['menɪ]
food ['fuːd] — de la nourriture
tobacco [tə'bækəʊ] — du tabac
work ['wɜːk] — du travail
luggage ['lʌgɪdʒ] — des bagages
furniture ['fɜːnɪtʃə] — des meubles
petrol ['petrəl] — de l'essence
a flower [ə 'flaʊə] — une fleur
a cheque [ə 'tʃek] — un chèque
a pet [ə 'pet] — un animal familier
a handkerchief [ə 'hæŋkətʃɪf] — un mouchoir
sweets ['swiːts] — des bonbons

Différences de vocabulaire entre anglais britannique et anglais américain.

Les différences lexicales entre anglais britannique et anglais américain sont tellement nombreuses qu'il est difficile de les répertorier. Voici quelques exemples :

GB		US	
	luggage		baggage ['bægɪdʒ]
	petrol		gas(oline) ['gæsəliːn]
	sweets		candy ['kændɪ]
	cupboard		closet ['klɔzɪt]
	film		movie ['muːvɪ]
	taxi		cab ['kæb]

GRAMMAIRE

1. We haven't got much money.
Much, many, a lot   beaucoup de

A lot of, lots of et plenty of s'emploient surtout dans les phrases affirmatives.
Exemple :
   She's got a lot of friends.
   Elle a beaucoup d'amis.

Dans les phrases négatives et interrogatives, par contre, on emploie much devant un singulier et many devant un pluriel.
Exemples :
   Have they got much time?
   They haven't got many friends.

2. He's got his finger in his ear. Has he?
got ne s'emploie pas dans les réponses brèves (question tags).
Exemple :
   She's got a lot of friends, hasn't she?

EXERCICES

1. Traduisez
1. Elle n'a pas beaucoup de temps. **2.** Il ne fume pas beaucoup de cigarettes. **3.** Avez-vous une montre? **4.** Elles ont les yeux bleus.

2. Transformez en phrases négatives
1. He eats a lot of sweets. **2.** They have got some oranges. **3.** I have got a lot of money. **4.** She has got a nice voice, hasn't she?

Corrigé
1. 1. She hasn't got much time. **2.** He doesn't smoke many cigarettes. **3.** Have you got a watch? **4.** They 've got blue eyes (« les » ne se traduit pas).

2. 1. He doesn't eat many sweets. **2.** They haven't got any oranges. **3.** I haven't got much money. **4.** She hasn't got a nice voice, has she?

45. *I know I look rather silly, but I don't have any difficulty in getting through customs!*

What a relief to get off that plane!
Well, we'd better pick up our luggage and find the exit.
Take it easy! We've got plenty of time. I've got to change my clothes first. In the meantime you can buy some perfume and cigarettes.

Change your clothes? What for?
Look. I know it looks rather silly, but when I'm dressed like Father Christmas I don't have any trouble getting through customs!

Quel soulagement de sortir de cet avion!
On ferait mieux de prendre nos bagages et de trouver la sortie.
Du calme! On a tout le temps. Je dois d'abord me changer. Entre-temps tu peux acheter du parfum et des cigarettes.
Te changer? Pourquoi?
Écoute. Je sais que cela peut paraître ridicule, mais quand je suis habillé en Père Noël, je n'ai aucun problème pour passer la douane.

VOCABULAIRE

an exit [ən'eksɪt]	une sortie
a relief [ə rɪ'liːf]	un soulagement
a plane [ə 'pleɪn]	un avion
a difficulty [ə 'dɪfɪkəltɪ]	une difficulté
perfume ['pəːfjuːm]	du parfum
Father Christmas ['fɑːðə 'krɪsməs]	Père Noël
the customs [ðə 'kʌstəms]	la douane
silly ['sɪlɪ]	ridicule, stupide
to be dressed [təbɪ 'drest]	être habillé(e)

VOCABULAIRE

to change clothes [tə 'tʃeɪndʒ 'kləʊðz] — se changer
to get through [tə 'get 'θruː] — passer
to look [tə 'lʊk] — avoir l'air, paraître
to get off [tə 'get ɔf] — descendre, sortir de
to pick up [tə 'pɪk ʌp] — prendre, ramasser

like ['laɪk] — comme
first ['fəːst] — d'abord

we'd better [wɪd 'betə] — nous ferions mieux
take it easy ['teɪk ɪt 'iːzɪ] — ne vous faites pas de bile !
in the meantime [ɪn ðə 'miːn'taɪm] — entre-temps

GRAMMAIRE

1. I don't have any trouble getting through customs.
have dans le sens de « prendre », « éprouver », « donner », « consommer »... s'emploie, non comme auxiliaire, mais comme verbe ordinaire. Dans ces cas, have n'est jamais contracté et n'est jamais suivi de got.
Les formes négatives et interrogatives se construisent avec do, does. *Exemples :*

Do you have tea or coffee for breakfast ?
Prenez-vous du thé ou du café pour déjeuner ?

She doesn't have any trouble getting through customs.
Elle n'a aucun problème pour passer la douane.

2. I've got to get up early tomorrow
have (got) to au sens de « devoir », « être obligé de... »
have got to (haven't got to / have I got to ?) s'emploie quand il s'agit d'une obligation isolée. *Exemple :*

I haven't got to work tomorrow.
Je ne dois pas travailler demain.

have to (sans got) est employé pour des actions habituelles. Dans ce cas les formes négatives et interrogatives se construisent avec do : don't have to et do you have to ?
Exemple :

I don't have to work on Sundays.
Je ne dois pas travailler le dimanche.

3. Différence entre must et have (got) to
Tandis que must exprime plutôt l'obligation imposée par le locuteur lui-même, have to exprime l'obligation externe, imposée par les circonstances.

46 | *Do aliens have mutton for breakfast?*

Do	aliens they you	always	have	mutton for breakfast lunch at twelve trouble passing the customs a rest at four o'clock a party at weekends a holiday abroad a shave after washing lessons in the morning	?

We	'd	better	hurry up	
You			tell them the truth	
I			have a look	
				not	miss the last bus
					wake her up
					try

VOCABULAIRE

mutton ['mʌtn]   du mouton
En français il n'y a qu'un seul mot pour désigner l'animal vivant et la viande que l'on mange. En anglais, ces mots diffèrent.
   a sheep (un mouton)   **mutton** (du mouton)
   a calf (un veau)   **veal** (du veau)
   a pig (un porc)   **porc** (du porc)
a weekend [ə ˈwiːkˈend]   un week-end
the truth [ðə ˈtruːθ]   la vérité
last [ˈlɑːst]   dernier, dernière
to have trouble [tə ˈhæv ˈtrʌbl]   avoir des ennuis
to have a rest [tə ˈhæv əˈrest]   se reposer
to have a holiday [tə ˈhæv ə ˈhɔlidi]   passer des vacances
to have a party [tə ˈhæv ə ˈpɑːti]   recevoir du monde
to have a lesson [tə ˈhæv ə ˈlesn]   prendre une leçon
to have a shave [tə ˈhæv ə ˈʃeiv]   se raser
to hurry up [təˈhʌriˈʌp]   se dépêcher
to have a look [tə ˈhæv əˈluk]   jeter un coup d'œil
to miss [tə ˈmis]   rater
to wake up [təˈweikˈʌp]   réveiller

GRAMMAIRE

You'd better go now
You had better (you'd better) + infinitif sans to
had est une forme passée, mais se réfère au présent ou au futur.
Exemple :
You'd better tell the truth.
Tu ferais mieux de dire la vérité.

La forme négative se forme en ajoutant <u>not</u> après <u>better</u>.
Exemple :
You'd better not come.
Tu ferais bien de ne pas venir.

EXERCICES

1. Traduisez
1. Je vais prendre un bain. 2. Est-ce que tu prends toujours une douche avant le petit déjeuner ? 3. Vous feriez mieux de ne pas venir. 4. Il est obligé de travailler tous les jours.

2. Mettez à la forme interrogative
1. You have a party every week. 2. Children have to obey parents. 3. He has got a lot of time. 4. There are lots of matches in that box.

Corrigé
1. 1. I'm going to have a bath. 2. Do you always have a shower before breakfast ? 3. You'd better not come. 4. He has to work every day.

2. 1. Do you have a party every week ? 2. Do children have to obey their parents ? 3. Has he got much time ? 4. Are there many matches in that box ?

47
> *That was great! Quick, get the instruction booklet and put the speed up to 78!*

As a token of our friendship we'd like to present you with a little something to remember us by. Hey! A brand-new record-player! Thanks a million!

That was great! Quick, get the instruction booklet and put the speed up to 78 revolutions. Hey, this is not a merry-go-round. This is a record-player.

En gage de notre amitié, nous aimerions vous faire ce petit cadeau qui vous fera vous souvenir de nous...
Eh! Un tourne-disque tout neuf! Mille mercis!

C'était formidable! Vite, va chercher le livret d'instructions et mets la vitesse à 78 tours. Eh, ce n'est pas un carrousel. C'est un tourne-disque!

VOCABULAIRE

something [ˈsʌmθɪŋ]	quelque chose
an instruction booklet [ən ɪnˈstrʌkʃnˈbʊklɪt]	un livret d'instructions
(a) friendship [əˈfrendʃɪp]	(une) amitié
a record-player [əˈrekɔːdˈpleɪə]	un tourne-disque
a million [əˈmɪljən]	un million
a revolution [ə revəˈluːʃn]	un tour, une révolution
a merry-go-round [əˈmerɪɡəʊˈraʊnd]	un carrousel
a token [əˈtəʊkn]	un témoignage, une indication
little [ˈlɪtl]	petit(e)
brand-new [ˈbrændnjuː]	tout neuf
great [ˈɡreɪt]	magnifique, fameux
to present (somebody with...) [tə prɪˈzent]	donner qqch à qqun, faire cadeau
quick! [ˈkwɪk]	vite, rapidement

to remember [tə rɪˈmembə]   se souvenir de

to remember signifie « se souvenir de », « se rappeler », tandis que to remind a le sens de « rappeler (qqch à qqun) ». *Exemples :*
I can't remember her name. (Je ne me souviens pas de son nom.)
Remind me to post the letters. (Rappelle-moi de poster les lettres.)

GRAMMAIRE

1. That was great !

Le prétérit simple du verbe to be. Au passé le verbe to be n'a que deux formes :

I	was	We	were
He		You	
She		They	
It			

Exemple :
I was in London last week.
J'étais à Londres la semaine passée

Les formes was et were ne sont jamais contractées en anglais écrit. Dans la langue parlée elles se prononcent comme [wəz/wz] et [wə].

Pour obtenir la forme négative, on ajoute simplement not. L'interrogation se fait, comme pour tous les auxiliaires, par simple inversion.
Exemple :
Where were you last month ? You weren't in Liverpool, were you ? Où étiez-vous le mois passé ? Vous n'étiez pas à Liverpool, n'est-ce pas ?

Le prétérit simple peut correspondre à un passé simple, un passé composé ou un imparfait. Il s'emploie pour exprimer un événement qui s'est produit dans le passé et qui est achevé au moment où l'on parle.

2. we'd like to give you a record-player.

Would like suivi de l'infinitif avec to s'emploie pour exprimer des demandes ou des souhaits polis. Would like est considéré comme plus élégant que la forme to want. Il se traduit par : « je voudrais », « je veux », « j'aimerais ».
Exemple :
I'd like some raspberries.
Je voudrais quelques framboises.

3. a little something to remember us by.

Notez le rejet de la préposition à la fin de la phrase. La construction de départ, qui ne s'utilise pas, serait « a little something by which to remember us ».

48. There was a little champagne left

There	was	a little champagne left
		a lot of noise
		a man standing under that tree
		a light in the kitchen
		a big hole in your stocking
	were	a few sandwiches left
		eight of them
		crowds of people queuing up
		plenty of knives in the drawer
		no mistakes in that exercise

Where	were	you	yesterday morning	?
			yesterday evening	
			last night	
			the day before yesterday	
			last week	
			last month	
			last February	
			last year	

VOCABULAIRE

a little [ə 'lɪtl] — un peu (de)
a few [ə 'fjuː] — quelques
champagne [ʃæm'peɪn] — du champagne
a noise [ə 'nɔɪs] — un bruit
a man [ə 'mæn] — un homme
a tree [ə 'triː] — un arbre
a light [ə 'laɪt] — une lumière
a hole [ə 'həʊl] — un trou
a stocking [ə 'stɒkɪŋ] — un bas
a sandwich [ə 'sændwɪdʒ] — un sandwich
a crowd [ə 'kraʊd] — une foule
a knife [ə 'naɪf] — un couteau
a drawer [ə 'drɔːə] — un tiroir
an exercise [ən 'eksəsaɪz] — un exercice
a mistake [ə mɪs'teɪk] — une faute
a year [ə 'jɪə] — une année
the day before yesterday — avant-hier
people ['piːpl] — des gens
to stand [tə 'stænd] — se trouver, être debout
to queue up [tə 'kjuː ʌp] — faire la queue
where? ['wɛə] — où?
yesterday ['jestədɪ] — hier

GRAMMAIRE

1. **There was a little champagne left.** Il restait un peu de champagne.

   a little s'emploie pour désigner une petite quantité continue, composée d'éléments non séparables.

   a few s'emploie pour désigner un petit nombre, lorsqu'il s'agit de quantités discrètes, composées d'éléments séparés. A few est toujours suivi du pluriel.
   Exemples :
   a little money (un peu d'argent)
   a few strawberries (quelques fraises)

   little et few, sans l'article a, sont les équivalents de « not much » et « not many » et ils ont une connotation plus négative que a little et a few.

2. **There are just a few left.** Il n'en reste que quelques-uns. Cette phrase se construit avec le participe passé left du verbe to leave. She has a few left se traduit par « il lui en reste quelques-un(e)s ».

EXERCICES

1. **Mettez a little ou a few**
   1. Can I have ... wine ? **2.** I want to buy ... flowers. **3.** I've got ... bread and cheese. **4.** There are ... people queuing up.

2. **Traduisez**
   1. Elle a été très malade au mois de février dernier. **2.** Où étais-tu hier ? **3.** Elle a un peu d'argent. **4.** Il y avait quelques restaurants.

Corrigé

1. **1.** Can I have a little wine ? **2.** I want to buy a few flowers. **3.** I've got a little bread and cheese. **4.** There are a few people queuing up.

2. **1.** She was very ill last February. **2.** Where were you yesterday ? **3.** She's got a little money. **4.** There were a few restaurants.

49 *Look! She turned left! Why did she turn left?*

Watch out! There's a sharp bend to the right!
Be careful, Mindy! You turned left! Why, for God's sake, did you turn left?
Sorry, darling. I know I did. I must have dozed off.
Damn! There is a car with a flashing blue light following us and it doesn't look like an ambulance to me. I'm afraid it is a police car.

Attention! La route tourne brusquement à droite!
Faites attention, Mindy! Vous avez tourné à gauche! Pour l'amour de Dieu, pourquoi avez-vous tourné à gauche?
Excusez-moi, chéri. Je sais. J'ai dû m'assoupir.
Zut! Il y a une voiture derrière nous avec un gyrophare bleu, et à mon avis, ce n'est pas une ambulance. J'ai bien peur que ce soit la police.

VOCABULAIRE

a bend [ə 'bend]	un tournant
an ambulance [ən 'æmbjʊləns]	une ambulance
a police car [ə pə'liːs 'kɑː]	une voiture de police
sharp ['ʃɑːp]	tranchant, aigu, brusque
blue ['bluː]	bleu(e)
flashing ['flæʃɪŋ]	clignotant, à éclats
careful ['kɛəfʊl]	attentif, prudent
to doze off [tə 'dəʊz 'ɔf]	s'assoupir
to follow [tə 'fɔləʊ]	suivre
to look like [tə 'lʊk 'laɪk]	avoir l'air de
to watch out [tə 'wɒtʃ 'aʊt]	faire attention
damn! ['dæm]	zut!
with ['wɪð]	avec

GRAMMAIRE

1. She turned to the left
Le prétérit simple : forme affirmative
Pour les verbes réguliers, le prétérit s'obtient en ajoutant la terminaison -ed à l'infinitif.
Au passé, le verbe est identique pour toutes les personnes.
Exemple : I / You / He / She / We / They / turned left

Remarques :
1. Le e de la désinence ne se prononce pas, sauf après un t ou un d. Dans ces cas, ed se prononce comme [ɪd].
   Exemple : turned [ˈtəːnd] waited [ˈweɪtɪd]
2. Si le verbe se termine par un e à l'infinitif, il suffit d'ajouter d.
   Exemple : live / lived
3. Lorsque le verbe se termine par un y qui n'est pas précédé d'une voyelle, le y change en i.
   Exemple : try / tried
   Le y ne change pas après une voyelle.
   Exemple : play / played (**exceptions :** pay / paid - say / said - lay / laid)
4. Si le verbe se termine par une consonne précédée d'une voyelle brève, cette consonne est doublée.
   Exemple : stop / stopped

2. Why did she turn left?
Le prétérit simple : forme interrogative
La forme interrogative s'obtient en utilisant l'auxiliaire did, qui reste invariable à toutes les personnes du singulier et du pluriel et qui se place devant le sujet.

did + sujet + infinitif sans to

Exemple :
   Did she ask a question ? (Remarquez que l'auxiliaire seul est au passé)
L'auxiliaire did ne s'emploie pas dans les questions qui ont pour sujet who ou what.
Exemple : Who stayed in London ? She did.

3. She didn't have a shower yesterday.
La forme négative s'obtient en mettant did not (didn't) devant l'infinitif sans to.

did not + infinitif sans to

50 Did she say « me » or « knee » ?

Did	she they you	say « me » or « knee » order a gin and tonic attend the meeting decide to go on a diet mend the fuse study Greek apologize for stepping on my foot believe everything she said	?

The Queen Our friends He	stayed in Liverpool hitch-hiked round Europe painted the bathroom red tried to reach the top baked the most delicious cakes	last August a week ago in 1955 three years ago when I was young

VOCABULAIRE

everything [ˈevrɪθɪŋ]	tout
a knee [ə ˈniː]	un genou
gin and tonic [ˈdʒɪn ən ˈtɒnɪk]	gin-tonic
a meeting [ə ˈmiːtɪŋ]	une réunion
a fuse [ə ˈfjuːz]	un fusible
a foot, two feet [ə ˈfʊt] [ˈtuː fiːt]	un pied, deux pieds
a bathroom [ə ˈbɑːθrʊm]	une salle de bain
a top [ə ˈtɒp]	un sommet
a cake [ə ˈkeɪk]	un gâteau
Greek [ˈgriːk]	le grec
Europe [ˈjʊərəp]	l'Europe
delicious [dɪˈlɪʃəs]	délicieux(se)
to order [tʊ ˈɔːdə]	commander
to attend [tʊ əˈtend]	assister à
to decide [tə dɪˈsaɪd]	décider
to go on a diet [tə ˈgəʊ ɒnə ˈdaɪət]	se mettre au régime
to mend [təˈmend]	réparer
to study [tə ˈstʌdɪ]	étudier
to apologize [tʊ əˈpɒləˈdʒaɪz]	s'excuser
to step [tə ˈstep]	marcher
to stay [tə ˈsteɪ]	rester, demeurer
to hitch-hike [tə ˈhɪtʃhaɪk]	faire du stop
to paint [təˈpeɪnt]	peindre
to reach [təˈriːtʃ]	parvenir à
to bake [təˈbeɪk]	cuire

GRAMMAIRE

1. She painted the bathroom red a week ago.

Le prétérit simple a un emploi plus large que le passé simple français. C'est un temps utilisé dans la langue courante pour parler d'événements achevés dans le passé. Par conséquent il est employé avec des adverbes se rapportant au passé, comme yesterday, last year, in 1955, etc.

Un de ces adverbes est ago, placé après l'expression de temps. Il correspond à « il y a ».

Exemple :
   She arrived about half an hour ago.
   Elle est arrivée il y a une demi-heure environ

2. The Queen stayed in Liverpool last August.
L'ordre des adverbes en fin de phrase.

Normalement on place les adverbes ou les locutions adverbiales de temps soit au début de la phrase, soit à la fin, après les adverbes de lieu.

Exemple :
   Last August the Queen stayed in Liverpool.
   The Queen stayed in Liverpool last August.

EXERCICE

Mots en chaîne

Former des phrases en passant d'une case à l'autre, sans jamais en sauter une. Les mots de départ ont un chiffre, qui indique en même temps combien de cases il faut utiliser.

A 8	SHE 8	IS	THE 8	THERE 9	AND	THEM
DIDN'T	CAR	AS	MY	QUEEN	WERE	ONLY
APOLOGIZE	COMFORTABLE	ON	DECIDED	FOOT	ME	A
AS	FOR	STEPPING	HAVE	TO	WITH	FEW
SHE 9	AN	AEROPLANE	MUCH	TEA	SANDWICHES	FOR
THEY 8	HAS	GOT	TO	EAT	IN	MUTTON
ARE	NOT	GOING	HOUSE	THE	ANY	WHY

Solution page 192.

51 *We won, Mindy! We caught the biggest fish!*

Mindy, we won! We caught the biggest fish. I knew we were the best. No, Mindy, I assure you, I really didn't know you were in there. When did this fish catch you?

Mindy, nous avons gagné! Nous avons pris le plus gros poisson. Je savais que nous étions les meilleurs. Non, Mindy, je t'assure, je ne savais vraiment pas que tu étais là-dedans. Quand est-ce que ce poisson t'a attrapée?

VOCABULAIRE

a fish [ə 'fıʃ]	un poisson
a fishing contest [ə 'fıʃıŋ 'kɔntest]	un concours de pêche
to win [tə 'wın]	gagner
to assure [tʊ ə'ʃʊə]	assurer
to catch [tə 'kætʃ]	attraper, prendre

PRONONCIATION

Kate can't wear Ann's ring.
Kate ne peut pas porter la bague de Ann.

Le rythme de la phrase. (Voir introduction page 22).
Le rythme du français est totalement différent de celui de l'anglais. Ce qui constitue le rythme en français, c'est la succession régulière des syllabes. Les syllabes ont toutes à peu près la même intensité et la même durée. Si, par exemple, il faut à peu près 4 secondes pour prononcer la phrase « Voici le journal que j'ai acheté hier matin », qui contient 12 syllabes, il faudra 2 secondes pour prononcer une phrase ne contenant que 6 syllabes « Passe-moi les pommes de terre ».
C'est principalement là que le rythme du français, que l'on pourrait comparer aux « perles d'un collier » se distingue du rythme anglais.

En anglais, le rythme est produit par le retour régulier des syllabes fortes à intervalles égaux.
Dans la phrase « <u>Jen</u>ny <u>isn</u>'t <u>wea</u>ring <u>Ka</u>ren's <u>bra</u>celet » (Jenny ne porte pas le bracelet de Karen), les syllabes soulignées, 5 en tout, sont accentuées et séparées par les mêmes intervalles de temps. Pour maintenir ce patron rythmique, ce « rythme de coup de tambour », il est nécessaire d'avaler, de réduire les syllabes qui ne sont pas accentuées.
La phrase « <u>Kate</u> <u>can't</u> <u>wear</u> <u>Ann</u>'s <u>ring</u> » contient aussi 5 syllabes accentuées, ce qui veut dire que nous prononçons les deux phrases dans le même laps de temps, bien que la première contienne deux fois plus de syllabes que la deuxième.

GRAMMAIRE

1. We won.
   Le prétérit des verbes irréguliers.
   En anglais, il y a une centaine de verbes dont le passé ne se forme pas en -ed. Ils ont une forme spéciale qui reste la même pour toutes les personnes.
   Exemple :

   I / You / She / He / We / They / won the fishing contest

   L'interrogation et la négation s'obtiennent, comme pour les verbes réguliers, avec l'auxiliaire <u>did</u>.
   Exemple :

   We didn't win the fishing contest.

   Contrairement au passé simple français, qui est réservé aux textes écrits, le prétérit anglais est très courant et est donc souvent rendu en français par le passé composé.
   Exemple :

   We won. Nous avons gagné.

2. They went to Spain on July 20th.
   Voici quelques locutions de temps se rapportant au passé (ces indications de temps exigent l'emploi du passé simple) :

at	at midnight (à minuit)	un moment précis
in	in the morning (le matin)	une partie de la journée
on	on July 20th (le vingt juillet)	une date
on	on Monday (le lundi)	un jour de la semaine
on	on Tuesday morning (mardi matin)	jour + partie de la journée
in	in March (en mars)	un mois
in	in (the) winter (en hiver)	une saison
in	in 1983 (en 1983)	une année
at	at Christmas	une fête religieuse
ago	2 years ago (il y a 2 ans)	une période révolue

52 | Who won the fishing contest? She did

She	saw the Eiffel tower	in	January
He	met Brigitte Bardot		February
They	knew the answer		March
	took some photographs		April
	caught a big fish		May
	brought it home		June
	flew to Paris		July
	told you an interesting story		August
	drove you to the station		September
	sang in a choir		October
	had a good time		November
	went to Majorca		December
	bought a new hat		
	ate hamburgers		

What	did	she	eat	?
Where			go to	
Who			meet	
When			fly to Paris	

She	ate hamburgers
	went to Majorca
	met Brigitte Bardot
	flew to Paris in June

Who	ate hamburgers
	went to Majorca
	met Brigitte Bardot
	flew to Paris
	sang in a choir

She	did

VOCABULAIRE

a tower [ə ˈtɑʊə]		une tour
a photograph [ə ˈfəʊtəgrɑːf]		une photo
a story [ə ˈstɔːrɪ]		une histoire
a station [ə ˈsteɪʃn]		une gare
a choir [ə ˈkwaɪə]		un chœur
a hat [ə ˈhæt]		un chapeau
a hamburger [ə ˈhæmbəːgə]		un hamburger
to see - I saw	[ˈsɔː]	voir
to meet - I met	[ˈmet]	rencontrer
to take - I took	[ˈtʊk]	prendre
to know - I knew	[ˈnjuː]	savoir
to catch - I caught	[ˈkɔːt]	attraper
to bring - I brought	[ˈbrɔːt]	apporter
to buy - I bought	[ˈbɔːt]	acheter
to fly - I flew	[ˈfluː]	voler
to tell - I told	[ˈtəʊld]	raconter

to drive	- I drove	[ˈdrəʊv]	conduire
to sing	- I sang	[ˈsæŋ]	chanter
to have	- I had	[ˈhæd]	avoir
to go	- I went	[ˈwent]	aller
to eat	- I ate	[ˈet]	manger

GRAMMAIRE

Les questions commençant par un pronom ou adverbe interrogatif, comme who, what, where, when, why, how, se construisent à l'aide de l'auxiliaire do, does, did. *Exemple :*

Who did you meet yesterday ? Qui avez-vous rencontré hier ?
What did you do last night ? Qu'avez-vous fait hier soir ?
Why does she love him ? Pourquoi l'aime-t-elle ?

Cependant, dans les questions qui ont pour sujet who ou what, on n'emploie pas do, does, did. *Exemple :*

What happened ? (Que s'est-il passé ?) what est sujet.
What did she eat ? (Qu'a-t-elle mangé ?) what est complément.
Who ate hamburgers ? (Qui a mangé des hamburgers ?) who est sujet.
Who did you meet ? (Qui as-tu rencontré ?) who est complément.

EXERCICES

1. **Changez les phrases négatives en phrases affirmatives.**
   1. She didn't take any photographs. 2. They didn't go to Italy last year. 3. There weren't many restaurants. 4. I didn't have a shower yesterday morning.

2. **Traduisez**
   1. Ils ont vu la tour Eiffel l'année passée. 2. Elle connaissait la réponse. 3. Il ne m'a pas conduit à la gare. 4. Qui a rencontré la reine ?

Corrigé

1. 1. She took some photographs. 2. They went to Italy last year. 3. There were a lot of restaurants. 4. I had a shower yesterday morning.

2. 1. They saw the Eiffel tower last year. (Last year they saw the Eiffel tower). 2. She knew the answer. 3. He didn't drive me to the station. 4. Who met the queen ?

53 | *I was playing golf when that ball hit Mindy*

What were you doing yesterday afternoon?
I was playing golf.
Was your wife playing golf too?
No, she was watching me play.
I was perfecting my drive when that ball hit her.

Que faisais-tu hier après-midi ?
Je jouais au golf.
Est-ce que ta femme jouait aussi au golf ?
Non, elle me regardait jouer.
J'étais en train de perfectionner mon drive, quand la balle l'a touchée.

VOCABULAIRE

a wife (*pl.* **wives**) [ə 'waɪf]		une femme, épouse
a drive [ə 'draɪv]		un drive (golf)
a ball [ə 'bɔːl]		une balle
to perfect [təpə'fekt]		perfectionner, rendre parfait
to hit (*prét.* **I hit**) [tə 'hɪt]		toucher, atteindre, frapper

PRONONCIATION

L'accent tonique. (Voir introduction page 24).

It's a perfect ['pəːfɪkt] answer
I want to perfect [pə'fekt] my drive

En anglais, tous les mots importants (lexicaux) portent un accent. Et il est absolument nécessaire de connaître la place de l'accent tonique dans les mots pour pouvoir les prononcer d'une façon correcte. En effet, un mot qui est mal accentué n'est pas compris même si les voyelles et les consonnes qui le composent sont prononcées à la perfection. Dans la figuration phonétique utilisée dans ce livre une apostrophe (') précède les syllabes sur lesquelles tombe l'accent.

Exemple : comfortable ['kʌmfətəbl]

Notez que le contraste de syllabes accentuées et inaccentuées affecte non seulement la durée mais aussi le timbre des voyelles.

L'accent joue parfois aussi un rôle distinctif puisqu'un déplacement de l'accent peut entraîner une modification du sens du mot ou de son usage.

Exemple :

perfect ['pəːfɪkt] (parfait) - to perfect [tə pə'fekt] perfectionner
a record ['rekɔːd] (disque) - to record [tə rɪ'kɔːd] enregistrer
a protest ['prəutest] (protestation) - to protest [tə prə'test] protester

GRAMMAIRE

1. I was playing golf
Le prétérit progressif

Le prétérit continu ou progressif (past continuous) s'obtient à l'aide de was/were + -ing.

Exemple :

She was playing golf.
Elle était en train de jouer au golf.

La forme négative du prétérit progressif s'obtient en mettant la négation not entre was/were et -ing. Elle est généralement contractée.

Exemple :

She wasn't reading her newspaper.
Elle ne lisait pas son journal.

Le prétérit progressif est principalement utilisé pour décrire une action qui est en train de se dérouler dans le passé. Il correspond à l'imparfait français.

2. I was perfecting my drive when the ball hit her.

Le prétérit progressif s'emploie fréquemment en combinaison avec le prétérit simple pour indiquer une action qui était en train de se dérouler au moment où s'est produite une autre action.

Exemple :

When I arrived she was picking daisies.
Quand je suis arrivé, elle cueillait des marguerites.

3. We ate mutton every day. Nous mangions du mouton tous les jours.

Le prétérit progressif ne s'emploie pas pour parler d'actions habituelles dans le passé. Dans ce cas on emploie le prétérit simple.

4. I knew the answer. Je connaissais la réponse.

Certains verbes, comme to think, to know, to see, to understand, etc. ne peuvent être utilisés à la forme continue. (Voir leçon 25).

54 | When she arrived I was picking daisies

When she arrived	I he	was	picking daisies looking up a word in the dictionary talking to the milkman peeling potatoes quarrelling studying English ironing the towels drinking milk chocolate making a phone call smiling from ear to ear getting red in the face talking nineteen to the dozen sweeping the carpet lying in bed laying the table
	they	were	

VOCABULAIRE

a **daisy** [ə ˈdeɪzɪ]	une marguerite
a **word** [ə ˈwəːd]	un mot
a **dictionary** [ə ˈdɪkʃənrɪ]	un dictionnaire
a **milkman** [ə ˈmɪlkmən]	un livreur de lait
a **towel** [ə ˈtaʊəl]	un essuie-mains
a **phone call** [ə ˈfəʊn ˈkɔːl]	coup de téléphone
a **face** [ə ˈfeɪs]	un visage
a **dozen** [ə ˈdʌzn]	une douzaine
a **carpet** [ə ˈkɑːpɪt]	un tapis
a **table** [ə ˈteɪbl]	une table
a **bed** [ə ˈbed]	un lit
a **potato, two potatoes** [ə pə ˈteɪtəʊ]	une pomme de terre
milk chocolate [ˈmɪlk ˈtʃɒklɪt]	chocolat au lait
to lie - I lay (prétérit) [tə ˈlaɪ] [aɪ ˈleɪ]	être couché(e)
to lay - I laid [tə ˈleɪ] [aɪ ˈleɪd]	mettre
to sweep - I swept [tə ˈswiːp] [aɪ ˈswept]	balayer
to smile [tə ˈsmaɪl]	sourire
to iron [tʊ ˈaɪən]	repasser
to study [tə ˈstʌdɪ]	étudier
to quarrel [tə ˈkwɒrəl]	se quereller
to peel [tə ˈpiːl]	éplucher
to talk [tə ˈtɔːk]	parler
to look up [tə ˈlʊk ˈʌp]	chercher
to pick [tə ˈpɪk]	cueillir
to arrive [tʊ əˈraɪv]	arriver

to talk nineteen to the dozen — bavarder comme une pie
['naɪn 'tiːn]

to smile from ear to ear — sourire d'une oreille à l'autre
[frəm 'ɪə tʊ 'ɪə]

to get red in the face — devenir tout rouge
[tə 'get 'redɪnðə 'feɪs]

GRAMMAIRE

1. Passé de quelques autres verbes irréguliers, que vous connaissez déjà au présent :

to feel - I felt - sentir
to send - I sent - envoyer
to sleep - I slept - dormir
to hear - I heard - entendre
to make - I made - faire
to drink - I drank - boire
to read - I read - lire
to write - I wrote - écrire
to sell - I sold - vendre
to swim - I swam - nager
to wear - I wore - porter

to understand - I understood - comprendre
to think - I thought - penser
to come - I came - venir
to get - I got - obtenir
to give - I gave - donner
to leave - I left - laisser
to lose - I lost - perdre
to sit - I sat - asseoir
to tell - I told - raconter
to do - I did - faire

2. **She was watching me play.**
Les verbes to see, to hear, to watch, to feel, to make, peuvent être construits avec un complément d'objet + infinitif sans to. *Exemple :*
She made him cry. Elle l'a fait pleurer.

EXERCICES

1. **Écrivez le verbe entre parenthèses à la forme correcte du prétérit progressif.**

    1. I (to read) when she telephoned. 2. We (to play) tennis when it started to rain. 3. When I arrived at his house he still (to sleep). 4. I took another cake when you not (to look)!

2. **Mettez les phrases suivantes au passé.**

    1. I have breakfast at seven. 2. The police know her name. 3. She doesn't want to answer. 4. Who's swimming?

Corrigé

1. 1. I was reading when she telephoned. 2. We were playing tennis when it started to rain. 3. When I arrived at his house he was still asleep. 4. I took another cake when you weren't looking!

2. 1. I had breakfast at seven. 2. The police knew her name. 3. She didn't want to answer. 4. Who was swimming?

55 — I promise I will never do it again

Can't you read! It says: «no waiting».
Sorry, sir. I didn't know. I promise I will never do it again.
Let me see your driving licence and your insurance.
Here you are, sir.
I can't make head or tail of this. It's not even in English.
Please, let me explain, sir. You see, I'm an alien from outer space and...
Look, I'll let you off this time, but don't let it happen again!

Vous ne savez pas lire! Il est indiqué: «stationnement interdit».
Excusez-moi, monsieur. Je ne le savais pas. Je vous promets que je ne recommencerai plus jamais.
Montrez-moi votre permis de conduire et votre assurance.
Voilà, monsieur.
Je n'y comprends rien du tout. Ce n'est même pas en anglais.
S'il vous plaît, laissez-moi vous expliquer, monsieur. Je suis un extra-terrestre, voyez-vous, et... Ecoutez, je fermerai les yeux cette fois-ci, mais que ça ne se reproduise plus!

VOCABULAIRE

a driving licence [ə 'draɪvɪŋ 'laɪsəns]	un permis de conduire
insurance [ɪn'ʃʊərəns]	assurance
heads or tails [ˌhedz ə 'teɪlz]	pile ou face
to promise [tə 'prɒmɪs]	promettre
to explain [tʊ ɪks'pleɪn]	expliquer
to let off [tə 'let ɔf]	pardonner, faire grâce
to happen [tə 'hæpn]	se passer, arriver
not even [nɒt 'iːvn]	même pas
here you are [hɪə jʊ ɑː]	voilà
again [ə'gen]	de nouveau, encore

GRAMMAIRE

1. **I will never do it again.**
   Le futur se forme à l'aide de shall/will+ infinitif sans to. En principe shall s'emploie pour la première personne du singulier et du pluriel, et will pour les autres personnes.

   Exemple :

   I shall be forty next year.
   J'aurai quarante ans l'année prochaine.

   It will rain tomorrow.
   Il pleuvra demain.

   Cependant, la forme shall n'est plus usuelle dans la conversation, et aujourd'hui on emploie will à toutes les personnes. Les deux formes shall et will sont contractées en 'll.

   Exemple :

   We'll be there.
   Nous serons là.

2. **She won't believe me. Elle ne me croira pas.**
   La forme négative se forme en plaçant not après shall et will. En langue parlée, shall not devient shan't [ˈʃɑːnt] et will not devient won't. [ˈwəʊnt]

3. **Shall we take a taxi ?** Si nous prenions un taxi ?
   A la forme interrogative, shall et will se mettent devant le verbe. Will ne s'emploie pas à la première personne. La forme correcte est shall, que l'on emploie alors pour faire une suggestion ou pour demander des instructions.

   Exemple :

   Will you do that for me ?
   Voulez-vous faire cela pour moi ?

   What shall I do ?
   Qu'est-ce que je dois faire ?

4. Shall et will s'emploient principalement pour exprimer des actions futures, mais ils peuvent également avoir d'autres nuances: intention, promesse, etc.

56 | She'll stay at home and learn English, won't she?

She	will	stay at home and learn English	,	won't	she	?
We	'll	remember these sentences next lesson			we	
They		phone the grocer			they	
You	won't	lend him a few pounds		will	you	
		apply for that job				
		look into the matter				
		steal that necklace				
		clear up the misunderstanding				
		eat snails				

VOCABULAIRE

a sentence [ə 'sentəns]	une phrase
a grocer [ə' grəʊsə]	un épicier
a pound [ə' paʊnd]	une livre
a job [ə 'dʒɔb]	un travail
a matter [ə' mætə]	une affaire, une chose
a necklace [ə' neklɪs]	un collier
a misunderstanding [ə' mɪsʌndə'stændɪŋ]	un malentendu
a snail [ə' sneɪl]	un escargot
to learn - I learnt [tə 'lɜːn]	apprendre

Le français « apprendre » peut se traduire par learn (learnt) quand c'est l'élève qui apprend et par teach (taught) dans le sens de « enseigner ».

to phone [tə 'fəʊn]	téléphoner
to lend - I lent [tə 'lend] [aɪ 'lent]	prêter
to apply for [tʊ ə'plaɪ fə]	solliciter, postuler
to look into [tə 'lʊk ɪntʊ]	examiner, étudier
to steal - I stole [tə 'stiːl] [aɪ 'stəʊl]	voler

to steal a le sens de « voler quelque chose » (*Ex*. He stole all my money) tandis que to rob s'emploie dans le sens de « voler quelqu'un » (*Ex*. He robbed me of all my money), « piller une caisse » ou « cambrioler une banque ».

to clear up [tə 'klɪərʌp]	éclaircir, dissiper
to let - I let [tə 'let] [aɪ 'let]	laisser
next ['nekst]	prochain, suivant

GRAMMAIRE

Can't you read?
La forme interro-négative (question négative) se construit de la façon suivante : auxiliaire+ n't+ sujet+ verbe.
Exemple :

Didn't you see him yesterday evening?
Ne l'as-tu pas vu hier soir?

Why aren't they listening?
Pourquoi n'écoutent-ils pas?

Lorsque not n'est pas contracté, il se place après le sujet.
Exemple :

Was she not quarrelling when you phoned her?
N'était-elle pas en train de se disputer quand vous lui avez téléphoné?
Why does she not think about him?
Pourquoi ne pense-t-elle pas à lui?

EXERCICES

1. Complétez les phrases avec will ou shall.
   1. She ... come home tomorrow. **2.** I ... never forget you. **3.** ... we go to Edinburgh this weekend? **4.** ... he stay with us?

2. Mettez à la forme contractée.
   1. She will visit us next week. **2.** We shall not leave. **3.** They were not watching TV last night. **4.** Will they show it to me?

3. Traduisez en anglais.
   1. Elle ira demain. **2.** Ils nous attendront. **3.** Laisse-le partir. **4.** N'a-t-elle pas pris le thé avec vous hier soir?

Corrigé

1. 1. She will come home tomorrow. **2.** I will never forget you. **3.** Shall we go to Edinburgh this weekend? **4.** Will he stay with us?

2. 1. She'll visit us next week. **2.** We shan't leave. **3.** They weren't watching TV last night. **4.** Will they show it to me?

3. 1. She'll go tomorrow. **2.** They'll wait for us. **3.** Let him go. **4.** Didn't she have tea with you yesterday evening?

57 *I knew she was on intimate terms with a coloured chap, but I never thought he was green*

Yes, he took her in completely. Poor Kate! He told her he owned a gold mine, you know. He was an absolute villain.
She went without leaving an address. And she forgot her passport and her cheque book!
I'm sure things'll turn out fine. They'll be enjoying themselves and she'll be meeting a lot of interesting people!

Je savais qu'elle était très intime avec un type de couleur, mais je n'avais jamais pensé qu'il était vert.

Oui, il l'a complètement embobinée. Pauvre Kate ! Il lui a raconté qu'il possédait une mine d'or, tu sais. C'était un vrai bandit.
Elle est partie sans laisser d'adresse. Et elle a oublié son passeport et son carnet de chèques !
Je suis sûre que tout s'arrangera. Ils vont bien s'amuser et elle rencontrera un tas de gens intéressants.

VOCABULAIRE

a chap [ə 'tʃæp]	un homme, un type
a gold mine [ə 'gəʊldmaɪn]	une mine d'or
a villain [ə 'vɪlən]	un scélérat, un bandit
an address [ən ə'dres]	une adresse
a passport [ə 'pɑːspɔːt]	un passeport
a cheque book [ə 'tʃekbʊk]	un carnet de chèques
a thing [ə 'θɪŋ]	une chose
coloured ['kʌləd]	coloré, de couleur
intimate ['ɪntɪmɪt]	intime
poor ['pʊə]	pauvre
to take in [tə teɪk ɪn]	mettre dedans, rouler
to own [tʊ 'əʊn]	posséder
to be back [tə biː bæk]	être de retour
to forget - I forgot [tə fə 'get]	oublier
to turn out (fine) [tə tɜːn aʊt]	s'arranger
to enjoy oneself [tʊ ɪn'dʒɔɪ]	s'amuser
to be on intimate terms [tə biː ɒn 'ɪntɪmɪt 'tɜːmz]	être intime avec

GRAMMAIRE

1. I knew she was on intimate terms with him.

Le style indirect s'emploie pour rapporter les paroles ou les pensées de quelqu'un, sans les répéter textuellement.

Une phrase au discours indirect se compose d'un verbe introductif (to say, to tell, to know, to think, to explain, to realize) et d'une proposition subordonnée. Entre les deux il n'y a pas de virgule et that peut être omis.

He said: « I am thirsty ». (style direct). Il disait: « j'ai soif ».
He said he was thirsty. (style indirect). Il disait qu'il avait soif.

2. Concordance des temps

Pour passer du discours direct au discours indirect il est parfois nécessaire de modifier le temps des verbes. Deux cas peuvent se présenter:

1. Si le verbe de la proposition principale est au présent ou au futur, le verbe de la subordonnée ne change pas de temps.
   He says: « I'm trying to persuade her »
   He says he's trying to persuade her. Il dit qu'il essaye de la persuader.
   (notez qu'il est nécessaire de changer les pronoms).

2. Si le verbe de la proposition principale est au passé, il est nécessaire de procéder à des changements de temps. Si le verbe de la subordonnée est au présent, par exemple, il se mettra au passé.
   He said: « I never eat mutton ».
   He said he never ate mutton.
   Il disait qu'il ne mangeait jamais de mouton.
   He said: « I'm waiting for the bus »
   He said he was waiting for the bus.
   Il disait qu'il attendait le bus.

3. She told me she was waiting for the bus.

On emploie le verbe to tell et non to say, lorsque « dire » est suivi d'un complément personnel. Si on exprime le complément d'objet indirect après say, ce complément doit toujours être introduit à l'aide de la préposition to.

Say something to her! Dis-lui quelque chose!

58 | *She asked me whether I knew her address*

She	asked wanted to know	where grandfather lived whose fountain-pen this was how much money they had how far the bus stop was why Mary was looking so pale
		if whether	I knew the address she looked pretty it was going to snow cheese was more expensive than meat

This time tomorrow	she 'll be	taking her exam enjoying herself redecorating the house kissing me whistling that silly tune driving to the embassy seeing them off brushing up her English

VOCABULAIRE

a grandfather [ə ˈgrændfɑːðə]	un grand-père
a fountain-pen [ə ˈfaʊntɪnpen]	un stylo à encre
a bus stop [ə ˈbʌs ˈstɔp]	un arrêt d'autobus
an exam [ən ɪgˈzæm]	un examen
a tune [əˈtjuːn]	un air
an embassy [ən ˈembəsɪ]	une ambassade
cheese [ˈtʃiːz]	du fromage
meat [ˈmiːt]	de la viande
pale [ˈpeɪl]	pâle
silly [ˈsɪlɪ]	stupide, bête
to snow [tə ˈsnəʊ]	neiger
to take an exam [tə ˈteɪk ən ɪgˈzæm]	passer un examen
to redecorate [tə ˈriːˈdekəreɪt]	peindre et tapisser
to whistle [tə ˈwɪsl]	siffler
to see off [tə ˈsiː ˈɔf]	accompagner (pour dire au revoir)
to brush up [tə ˈbrʌʃ ˈʌp]	se remettre à, rafraîchir
how far... ? [ˈhaʊ ˈfɑː]	combien y a-t-il d'ici à... ?
tomorrow [təˈmɔrəʊ]	demain
whether [ˈweðə]	si
if [ˈɪf]	si

GRAMMAIRE

1. She asked me whether I knew her address.
La forme interrogative au style indirect.

Si le verbe de la proposition principale (to ask, to want, to know, to wonder, etc.) est au présent ou au futur, le verbe de la question subordonnée ne change pas de temps. Si le verbe de la proposition principale est un passé, le verbe de la question se met également au passé.

Exemple :

She said to me : « Are you coming ? »
She asked me whether I was coming.

Attention : dans les questions indirectes le sujet précède toujours le verbe.

« Si » se traduit par whether ou if.

2. She'll be meeting a lot of people
Le futur continu.

Le futur continu s'obtient à l'aide de will be + -ing. Le futur continu s'emploie pour parler d'actions dont on veut décrire le déroulement dans l'avenir.

EXERCICES

1. **Mettez au style indirect en vous servant des expressions entre parenthèses, dans la proposition principale.**
   1. « What is happening ? » (I wanted to know...)
   2. « They're having a good time ». (She says...)
   3. « Are you telling the truth ? » (He asks...)
   4. « They sing in a choir » (You told me...)

2. **Traduisez**
   1. Elle dit qu'il a oublié son passeport. 2. Amuse-toi. 3. Demain à cette heure-ci je serai en train de jouer au tennis. 4. Il a cambriolé une banque, il y a une semaine.

Corrigé

1. 1. I wanted to know what was happening. 2. She says they're having a good time. 3. He asks whether you are telling the truth. 4. You told me they sang in a choir.

2. 1. She says he forgot his passport. 2. Enjoy yourself. 3. This time tomorrow I'll be playing tennis. 4. He robbed a bank a week ago.

59

> *Doctor, I don't know whether you realize, but you have just filled my nostril...*

My name is Saucerman. May I see the dentist, please. I have a terrible toothache.
Well, the dentist might fit you in between two appointments.
Please, sit down on that chair. Open your mouth wide. Well, well, there is a very large cavity in that tooth. We'll have to fill that immediately.
Doctor, I don't know whether you realize, but you have just filled my nostril...

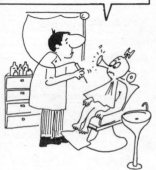

Mon nom est Saucerman. Puis-je voir le dentiste, s'il vous plaît. J'ai terriblement mal aux dents.
Eh bien, le dentiste pourrait vous prendre entre deux rendez-vous.
Asseyez-vous dans ce fauteuil, je vous prie. Ouvrez grand la bouche. Ça alors ! Il y a une très grande cavité dans cette dent-là. Il faudra la plomber immédiatement.
Docteur, je ne sais pas si vous vous en rendez compte, mais vous venez de me plomber la narine...

VOCABULAIRE

a tooth [ə ˈtuːθ]	une dent
a toothache [ə ˈtuːθeɪk]	un mal aux dents
a dentist [ə ˈdentɪst]	un dentiste
an appointment [ən əˈpɔɪntmənt]	un rendez-vous
a chair [ə ˈtʃɛə]	une chaise
a mouth [ə ˈmaʊθ]	une bouche
a cavity [ə ˈkævɪtɪ]	une cavité
a nostril [ə ˈnɔstrɪl]	une narine
to fit in between [tə ˈfɪt ɪn bɪˈtwiːn]	emboîter, faire concorder entre deux...

VOCABULAIRE

to open wide [tʊ əʊpn' waɪd]   ouvrir tout grand
to fill [tə 'fɪl]   remplir, plomber
to sit down [tə 'sɪt 'daʊn]   s'asseoir
to realize [tə 'rɪəlaɪz]   se rendre compte de
immediately [ɪ'miːdjətlɪ]   immédiatement

GRAMMAIRE

1. **You have just filled my nostril, doctor.**
   Le present perfect simple.
   Le present perfect s'obtient avec have / has+ participe passé. Le participe passé d'un verbe régulier est comme son prétérit simple : il se forme en ajoutant -ed à l'infinitif.
   Exemple :
   The match has started
   Le match a commencé.

   La forme négative s'obtient en mettant not après l'auxiliaire have/has. La forme interrogative s'obtient en mettant le sujet après l'auxiliaire.
   Exemple :
   Has the match started ? Yes, it has.

2. **Emploi**
   Bien que le present perfect ressemble, de par sa forme, au passé composé français, son emploi est tout à fait différent. Comme le nom « present perfect » l'indique, il implique toujours un certain rapport avec le présent. Il crée un lien entre le passé et le présent.
   Exemple : The match has started.

   Le moment auquel le match a débuté se situe dans le passé, mais l'action débutant à un moment du passé continue dans le présent.

   Lorsqu'il n'y a pas de lien entre une action passée et le moment présent, il est nécessaire d'employer le prétérit.
   Exemple :
   Marilyn Monroe lived in New York.

   Il sera par conséquent impossible d'employer le present perfect avec des adverbes et expressions qui *datent* les faits, comme yesterday, last year, last month, last week, in 1970, 3 months ago, etc.
   Exemple :
   He went to Madrid last week.

60 | *She's just promised to visit me tomorrow*

She He	has 's	just	promised to visit me tomorrow watered the daffodils planted the tulips
They	have 've		called me a fool asked me how to spell the word « privilege » settled the dispute recognized the thief crossed the bridge saved Ann's life knocked at the door fetched a bottle of wine from the cellar borrowed that book from the library declined our invitation

He	may might	come tomorrow phone tonight fit you in between appointments not answer

VOCABULAIRE

a daffodil [ə ˈdæfədɪl]	une jonquille
a tulip [ə ˈtjuːlɪp]	une tulipe
a fool [ə ˈfuːl]	un imbécile, un idiot
a privilege [ə ˈprɪvɪlɪdʒ]	un privilège
a dispute [ə dɪsˈpjuːt]	une dispute, un différend
a thief [ə ˈθiːf]	un voleur
a bridge [ə ˈbrɪdʒ]	un pont
a life [ə ˈlaɪf]	une vie
a cellar [ə ˈselə]	une cave
a library [ə ˈlaɪbrərɪ]	une bibliothèque
an invitation [ən ɪnvɪˈteɪʃn]	une invitation
wine [ˈwaɪn]	du vin
to promise [tə ˈprɔmɪs]	promettre
to water [tə ˈwɔːtə]	arroser
to plant [tə ˈplɑːnt]	planter
to call [tə ˈkɔːl]	appeler
to settle [tə ˈsetl]	trancher, arranger
to recognize [tə ˈrekəgnaɪz]	reconnaître
to cross [tə ˈkrɔs]	traverser, passer
to save [tə ˈseɪv]	sauver
to knock [tə ˈnɔk]	frapper
to fetch [tə ˈfetʃ]	aller chercher
to borrow [tə ˈbɔrəʊ]	emprunter
to decline [tə dɪˈklaɪn]	refuser, décliner

GRAMMAIRE

1. She's just watered the daffodils.
On emploie le mot just pour indiquer qu'une action vient d'avoir lieu. Just se place entre l'auxiliaire et le verbe. *Exemple :*
   He has just arrived. Il vient d'arriver.

2. May I see the dentist, please ?
Les auxiliaires may et might, tout comme must et can, ne prennent pas de -s à la troisième personne du singulier. Ils gardent par conséquent la même forme à toutes les personnes. Les formes négative et interrogative se construisent sans l'auxiliaire do, does.
May et might sont suivis de l'infinitif sans to.

Emploi
May s'emploie pour exprimer une éventualité et se traduit dans ce cas par « C'est possible que, il se peut que, peut-être, etc ». *Exemple :*
   She may arrive tomorrow. C'est possible qu'elle arrive demain.

Might aussi exprime une éventualité, mais il introduit une nuance de doute plus forte. *Exemple :*
   The dentist might fit you in between two appointments. Le dentiste pourrait vous prendre entre deux rendez-vous.

May s'emploie aussi pour demander la permission, pour adresser une prière polie (Voir can, Leçon 19). *Exemple :*
   May I see the dentist, please ?
   Puis-je voir le dentiste, s'il vous plaît ?

EXERCICES

Traduisez :
1. Elle vient de me sauver la vie. 2. Est-ce que je peux arroser les jonquilles ? 3. Ils viennent de frapper à la porte. 4. Hier, j'ai mangé des escargots.

Corrigé

1. She's just saved my life. 2. May I water the daffodils ? 3. They've just knocked at the door. 4. I ate snails yesterday.

61

> *You must keep your mouth shut, Mindy! We have already lost three balls*

Oh no, what next? Mindy, you're hopeless! How many times have I told you to keep your lips closed. I've had just about enough of your clumsiness.
You must keep your mouth shut, Mindy. We have already lost three balls.
So far, I have only swallowed two and I don't intend to swallow anything you've said. Let me tell you something. I detest your I've-told-you-so tone.

Et quoi encore! Mindy, vous êtes impossible! Combien de fois ne vous ai-je pas demandé de tenir les lèvres closes. J'en ai assez de votre maladresse. Vous devez fermer la bouche, Mindy. Nous avons déjà perdu trois balles.
Trois balles? Jusqu'à présent je n'en ai avalé que deux et je n'ai pas l'intention d'avaler ce que vous m'avez dit. Laissez-moi vous dire ceci. Je déteste ce petit genre « qu'est-ce que je vous avais dit! »

VOCABULAIRE

a ball [ə ˈbɔːl]	une balle
a lip [ə ˈlɪp]	une lèvre
clumsiness [ˈklʌmzɪnɪs]	maladresse
a tone [ə ˈtəʊn]	un ton, un air
hopeless [ˈhəʊplɪs]	désespéré, incorrigible
enough [ɪˈnʌf]	assez
to keep (kept, kept) [ˈkiːp] [ˈkept]	garder, tenir

VOCABULAIRE

to shut (shut, shut) [' ʃʌt]	fermer
to lose (lost, lost) [tə 'luːz] [' lɔst]	perdre
to swallow [tə 'swɔləʊ]	avaler (aussi: au sens fig.)
to intend [tʊ ɪn'tend]	avoir l'intention de
to detest [tə dɪ'test]	détester
to keep open/shut/closed	garder ouvert(e)/fermé(e)
to keep a stiff upper lip	ne pas broncher, serrer les dents

GRAMMAIRE

1. **Le present perfect** est un temps qui se construit avec to have + participe passé. La plupart des verbes anglais ont un participe passé régulier (identique au passé simple, se terminant par -d ou -ed).
Il y a cependant un grand nombre de verbes qui sont irréguliers. A la page 190 vous trouverez une liste complète de verbes irréguliers avec l'infinitif, le prétérit et le participe passé. Parfois le participe passé a la même forme que le prétérit (Exemple: buy - bought - bought), mais pour d'autres verbes il a une forme différente (Exemple: see - saw - seen). Exemple:
   I have never been to Scotland. Je ne suis jamais allé en Ecosse.
Remarquez que le passé composé en français se forme parfois à l'aide de l'auxiliaire être, tandis qu'en anglais on emploie toujours l'auxiliaire have/has.

2. **She's already had a shower.**
Le present perfect est souvent accompagné d'adverbes comme lately (récemment), so far (jusqu'ici), already (déjà), yet (déjà), ever (déjà), never (jamais), qui ont, pour ainsi dire, un pied dans le passé et un autre dans le présent et qui expriment l'idée « jusqu'à maintenant ». Rappelons-nous que le present perfect s'emploie pour indiquer des actions qui ont déjà eu lieu, mais qui ont des conséquences qui s'exercent encore dans le présent. Exemple:
   She has already had a shower. Elle a déjà pris une douche.
   She hasn't had a shower yet. Elle n'a pas encore pris une douche.
On emploie already dans les phrases affirmatives, et yet à la forme négative.

62 | I've known her for three years now

She	has 's	never already	taken me to the cinema seen a ghost eaten kiwis been abroad drunk Coca-Cola met Robert Redford flown to Los Angeles worn that old dress taught Portuguese shown me how to do it sold that brooch left the office taken those pills

I	have	known her been her best friend	for	three years a long time only two months
			since	her marriage April she left Brussels

VOCABULAIRE

a cinema [ə ˈsɪnəmə] — un cinéma
a ghost [ə ˈgəʊst] — un fantôme
a kiwi [ə ˈkiːwɪ] — un kiwi
a dress [ə ˈdres] — une robe
a brooch [ə ˈbrəʊtʃ] — une broche
a pill [ə ˈpɪl] — une pilule
an office [ən ˈɒfɪs] — un bureau
a marriage [ə ˈmærɪdʒ] — un mariage
to take (took, taken) — emmener, prendre
to see (saw, seen) — voir
to eat (ate, eaten) — manger
to drink (drank, drunk) — boire
to meet (met, met) — rencontrer
to fly (flew, flown) — se rendre (en avion)
to wear (wore, worn) — porter
to teach (taught, taught) — apprendre
to show (showed, shown) — montrer
to sell (sold, sold) — vendre
to leave (left, left) — partir, quitter
to take (took, taken) — prendre

GRAMMAIRE

I have known her for three years.

For et since se traduisent tous les deux par « depuis ».

For s'emploie pour indiquer la durée d'une action. *Exemple:*
   I haven't seen her for ages.
   Cela fait une éternité que je ne l'ai vue.

Since s'emploie pour indiquer le point de départ d'une action dans le passé. *Exemple:*
   I have known her since her marriage.
   Je la connais depuis son mariage.

EXERCICES

1. **Mettez les verbes entre parenthèses au temps voulu, present perfect ou prétérit. 1.** They (not see) her since Friday. **2.** I (have) an accident in 1983. **3.** You ever (wear) that old dress? **4.** She (not know) the answer last night.

2. **Mettez « for » ou « since » : 1.** We've been here ... Christmas. **2.** She hasn't spoken to him ... more than two weeks. **3.** He hasn't eaten any mutton ... he was a boy. **4.** It hasn't rained ... days.

3. **Traduisez: 1.** Elle vient de manger des kiwis. **2.** Il a attendu votre réponse depuis dimanche. **3.** Ils ont déjà répondu à notre lettre. **4.** Cela fait des mois que je ne l'ai pas vu.

Corrigé

1. **1.** They haven't seen her since Friday. **2.** I had an accident in 1983. **3.** Have you ever worn that old dress? **4.** She didn't know the answer last night.

2. **1.** We've been here since Christmas. **2.** She hasn't spoken to him for more than two weeks. **3.** He hasn't eaten any mutton since he was a boy. **4.** It hasn't rained for days.

3. **1.** She has just eaten kiwis. **2.** He has waited for your answer since Sunday. **3.** They have already answered your letter. **4.** I haven't seen him for months.

63 | *I have been waiting here since 7 o'clock*

I've been waiting here since 7 o'clock... and I'm still waiting for that damned bus to show up.
I'm afraid you've been waiting in vain. They suspended this bus service about four years ago.
Oh no, I've been standing here for more than 6 hours.
Well, I have been looking for the man of my dreams ever since I was eighteen, and I haven't found him yet! So, neither of us has been very lucky so far...
How about treating ourselves to a nice cup of tea?

Je poireaute ici depuis 7 heures... et j'attends toujours ce sacré autobus.
J'ai bien peur que vous n'ayez attendu pour des prunes. On a supprimé cet arrêt il y a quatre ans environ.
Zut alors, ça fait plus de six heures que je fais le pied de grue.
Eh bien, moi je cherche l'homme de mes rêves depuis que j'ai dix-huit ans, et je ne l'ai toujours pas trouvé ! En fait, aucun de nous deux n'a eu de chance jusqu'à présent...
Que diriez-vous d'un bon thé ?

VOCABULAIRE

neither [ˈnaɪðə]	ni l'un ni l'autre
the man of my dreams [ðə ˈmæn əv maɪ ˈdriːmz]	l'homme de mes rêves
lucky [ˈlʌkɪ]	heureux, chanceux
damned [ˈdæmd]	sacré (juron)

VOCABULAIRE

to suspend [tə səsˈpend] — suspendre, condamner
to treat oneself to [tə ˈtriːt wʌnˈself tə] — s'offrir
to show up [tə ˈʃəuˈʌp] — se présenter, apparaître
ever since [ˈevə ˈsɪns] — depuis
in vain [ɪnˈveɪn] — en vain, vainement

GRAMMAIRE

1. **I've been waiting here since 7 o'clock.**
   Le <u>present perfect progressif ou continu</u> s'obtient à l'aide de <u>have/has been</u>+ participe présent en <u>-ing</u>.
   Exemple :
   What have you been doing all morning ?
   Qu'avez-vous fait toute la matinée ?

2. **I've been waiting here since 7 o'clock... and I'm still waiting.**
   Emploi. Comme nous l'avons déjà vu, le present perfect simple s'emploie pour indiquer qu'une action achevée a des conséquences dans le présent. Le present perfect continu s'emploie pour décrire une action qui a commencé dans le passé mais qui se poursuit dans le présent. Prenons ces quatre phrases :

   <u>I'm watching television</u> (le present progressif) Je suis en train de regarder la télé (en ce moment).

   <u>I watched television yesterday</u> (le prétérit simple). J'ai regardé la télé hier (action complètement terminée).

   <u>I've watched television since four o'clock</u> (le present perfect). J'ai regardé la télé depuis quatre heures (et maintenant mes yeux sont fatigués, le résultat est visible au moment où l'on parle).

   <u>I've been watching television for four hours</u> (le present perfect continu).
   Ça fait quatre heures que je regarde la télé (et je continue à regarder).
   Le present perfect continu se traduit très souvent par un présent français.

3. **How long have you known that ?**
   Le present perfect continu n'est possible qu'avec les verbes qui peuvent se mettre à la forme progressive (voir leçon 25). Les verbes comme <u>to know</u>, <u>to want</u>, <u>to like</u>, etc. doivent se mettre au present perfect simple.

64 | Both of them are clowns, but neither of them is happy

| They | have 've | been | speaking
lying on their sleeping bags
complaining about my behaviour
looking for fingerprints
biting their fingernails
drinking claret
boasting about their success
yawning | for two and a half hours |

	One of them is a clown. L'un des deux est un clown
	Both of them are clowns. Ce sont tous les deux des clowns.
	Neither of them is a clown. Aucun des deux n'est un clown.

VOCABULAIRE

a sleeping bag [ə 'sliːpɪŋ 'bæg]	un sac de couchage
a fingerprint [ə 'fɪŋgə prɪnt]	une empreinte digitale
a fingernail [ə 'fɪŋgəneɪl]	un ongle
a clown [ə 'klaʊn]	un clown
(a) success [sək'ses]	(un) succès
claret ['klærət]	du bordeaux rouge
behaviour [bɪ'heɪvjə]	comportement
to speak (spoke, spoken) ['spiːk] ['spəʊk] ['spəʊkn]	parler
to lie (pres. part. lying) [tə 'laɪ] (lay, lain) ['leɪ] ['leɪn]	être couché
to complain (about) [tə kəm'pleɪn]	se plaindre (de)
to look for [tə 'lʊk fə]	chercher
to bite (bit, bitten) [tə 'baɪt]	(se) mordre
to boast (about) [tə 'bəʊst]	se vanter (de)
to yawn [tə jɔːn]	bâiller

GRAMMAIRE

1. **Both of them are clowns.**
   Both se traduit par « tous les deux », « l'un et l'autre ». Il s'emploie sans l'article the comme adjectif et comme pronom.
   Exemple :
   Both men are clowns.
   Both (of them) are clowns.

   Both ... and s'emploie pour lier deux choses ou deux activités d'une manière assez emphatique. Both ... and se traduit alors par « à la fois », « et aussi ».
   Exemple :
   His flying saucer is both comfortable and fast.
   Sa soucoupe volante est à la fois confortable et rapide.

2. **Neither of us has been very lucky.**
   Neither se traduit par « ni l'un ni l'autre » et se construit généralement avec un verbe singulier affirmatif.
   Exemple :
   Neither (of them) is happy.
   Ni l'un ni l'autre ne sont heureux.

3. **I'm waiting for that damned bus to show up.**
   Wait for peut être suivi par un complément + infinitif.
   Exemple :
   They're waiting for her to come.
   Ils attendent qu'elle arrive.

EXERCICES

1. **Mettez les phrases suivantes au present perfect simple ou continu.**
   1. What you (do) since I last saw you ? **2.** I (wait) half an hour for that bus, and now I'm going home. **3.** That newspaper (lie) on the table for months. You (not read) it yet ? **4.** You must wake her ! She (sleep) for twelve hours !

2. **Construisez des phrases avec both ou neither**
   Exemple : He's English. She's English / Both of them are English.
   1. He isn't French. She isn't French. **2.** I am happy. You are happy. **3.** She hasn't been to London. He hasn't been to London. **4.** She is wearing funny shoes. He is wearing funny shoes.

Corrigé des exercices p. 192.

65 *You could have told me this was the heavy end!*

How rotten! At least he could have told me this was the heavy end. This was really too heavy for me to carry. I had expected it to be much lighter.
Your boss, he's a Swede, isn't he? Did you tell him you couldn't carry it?
Of course, I did. He IS a Swede, so I asked him in Swedish why he hadn't warned me.
He said he was sorry he had forgotten to tell me.

Quel sale tour! Il aurait au moins pu me dire que ce bout-ci était le plus lourd! C'était vraiment trop lourd pour moi. Je m'étais attendu à ce que ce fût beaucoup plus léger.
Ton patron, c'est un Suédois, non? Est-ce que tu lui as dit que tu ne pouvais pas le porter?
Oui, naturellement. C'est un Suédois, je lui ai donc demandé en suédois pourquoi il ne m'avait pas prévenu.
Il disait qu'il était désolé d'avoir oublié de me le dire.

VOCABULAIRE

an end [ən 'end]   un bout, une extrémité
light ['lait]   léger, légère
to expect [tʊ ɪk'spekt]   attendre, s'attendre à ce que
to warn [tə 'wɔːn]   avertir, prévenir
how rotten! ['haʊ 'rɔtn]   quel sale tour!
at least [ət 'liːst]   (tout) au moins

Les adjectifs et noms de nationalité s'écrivent toujours avec une majuscule. Pour parler de nationalités, il faut en fait connaître trois mots :
— L'adjectif (*Exemple :* French wine, du vin français). C'est aussi l'adjectif qui s'emploie pour désigner la langue (*Ex. :* I can speak Spanish, je sais parler l'espagnol).
— Le nom désignant la personne (*Exemple :* He's a Swede, c'est un Suédois).
— Le nom désignant tous les habitants de la nation en question (*Exemple :* The English, les Anglais).
Pour cela on emploie généralement the+ le pluriel du nom (*Exemple :* the Swedes, the Poles). Pour certaines nationalités c'est l'adjectif qui s'emploie au lieu du nom. Dans ce cas, l'adjectif ne prend pas de -s. (*Exemple :* the Japanese, les Japonais).

VOCABULAIRE

Autres exemples :

Pays	Adjectif	Nom	Nom collectif
Belgium - Belgique	Belgian	a Belgian	the Belgians
Britain - Grande-Bretagne	British	a Briton	the British
China - Chine	Chinese	a Chinese	the Chinese
Denmark - Danemark	Danish	a Dane	the Danes
England - Angleterre	English	an Englishman	the English
France - France	French	a Frenchman	the French
Germany - Allemagne	German	a German	the Germans
Greece - Grèce	Greek	a Greek	the Greeks
Holland - Hollande	Dutch	a Dutchman	the Dutch
Ireland - Irlande	Irish	an Irishman	the Irish
Japan - Japon	Japanese	a Japanese	the Japanese
Norway - Norvège	Norwegian	a Norwegian	the Norwegians
Poland - Pologne	Polish	a Pole	the Poles
Portugal - Portugal	Portuguese	a Portuguese	the Portuguese
Scotland - Ecosse	Scottish Scotch (whisky)	a Scot	the Scots
Spain - Espagne	Spanish	a Spaniard	the Spanish
Sweden - Suède	Swedish	a Swede	the Swedes
Switzerland - Suisse	Swiss	a Swiss	the Swiss

GRAMMAIRE

1. **I asked him in Swedish why he hadn't warned me**
   Le pluperfect simple se forme avec l'auxiliaire had+ participe passé. Il a la même forme à toutes les personnes. Dans le langage parlé had est contracté en 'd. *Exemple :*

   I had / 'd forgotten, j'avais oublié.

   Emploi
   Le pluperfect simple s'emploie pour une action qui s'est achevée avant une autre action passée. Il correspond généralement au plus-que-parfait français. *Exemple :*

   He thanked me for what I had done.
   Il m'a remercié pour ce que j'avais fait.

   Le pluperfect simple s'emploie aussi au discours indirect. Quand le verbe introductif est un temps passé, le present perfect (et souvent aussi le prétérit) se transforme en pluperfect au discours indirect. *Exemple :*

   He said : « I've been in France for five years ».
   He said that he'd been in France for five years.

2. **I had expected it to be much lighter.**
   Le pluperfect s'emploie avec un verbe exprimant un désir déçu, comme to expect, to hope.

66 — At least he could have told me...

| She asked whether | we
he
they | had | sent the telegram
had supper
heard the news
lost the front door key
seen her Polish boy-friend
hidden her shoelaces
fallen ill
won the beauty contest
met that Japanese photographer
finished the jigsaw puzzle |

| You
They
She | could have
've | told me
written a letter of apology
been an engineer
spoken Dutch |

VOCABULAIRE

a telegram [ə ˈtelɪgræm]	un télégramme
a front door [ə frʌnt ˈdɔː]	une porte d'entrée
a boy-friend [ə ˈbɔɪfrend]	un petit ami
a shoelace [ə ˈʃuːleɪs]	un lacet (de soulier)
a beauty contest [ə ˈbjuːtɪ ˈkɔntest]	un concours de beauté
a photographer [ə fəˈtɔgrəfə]	un photographe
a jigsaw puzzle [ə ˈdʒɪgsɔː ˈpʌzl]	un puzzle
a letter of apology [ə ˈletər əv əˈpɔlədʒɪ]	une lettre d'excuses
an engineer [ən endʒɪˈnɪə]	un ingénieur
the news [ðə ˈnjuːz]	les nouvelles
to send (sent, sent) [tə ˈsend] [sent] [sent]	envoyer
to have supper [tə ˈhæv ˈsʌpə]	souper
to hear (heard, heard) [tə ˈhɪə] [ˈhəːd]	entendre
to lose (lost, lost) [tə ˈluːz] [ˈlɔst]	perdre
to see (saw, seen) [tə ˈsiː] [ˈsɔː] [ˈsiːn]	voir
to hide (hid, hidden) [tə ˈhaɪd] [ˈhɪd] [ˈhɪdn]	cacher
to fall (fell, fallen) ill [tə ˈfɔːl ˈɪl] [ˈfel] [ˈfɔːln]	tomber malade
to meet (met, met) [tə ˈmiːt] [ˈmet] [ˈmet]	rencontrer

GRAMMAIRE

1. I could speak when I was two.
Comme nous l'avons vu à la leçon 19, can s'emploie pour exprimer la permission, l'éventualité ou la capacité. Au passé on emploie la forme could, qui reste invariable à toutes les personnes. *Exemple :*
> I could speak when I was two. Je savais parler quand j'avais deux ans.

Pour exprimer la capacité d'accomplir une action précise dans le passé, on utilise was/were able to ou managed to au lieu de could. *Exemple :*
> The problem was extremely difficult, but I was able to find a solution. Le problème était très difficile, mais j'ai pu le résoudre.

2. At least you could have told me.
La structure could+ have+ participe passé s'emploie pour exprimer une éventualité au passé. Elle peut se traduire par « j'aurais pu ».

3. It was too heavy for me to carry. C'était trop lourd à porter pour moi.
Après too+ adjectif on emploie la structure for+ complément+ infinitif avec to.

EXERCICES

1. Mettez les verbes entre parenthèses à la forme correcte du pluperfect.
1. I said I (to forget) to send the telegram. 2. When I arrived, she (to finish) the jigsaw puzzle. 3. They asked me whether I (to see) the Swedish policewoman. 4. She told me she always (to love) me.

2. Traduisez.
1. Tu aurais pu m'avertir. 2. Son ami portugais a pu résoudre ce problème difficile. 3. C'est trop lourd pour qu'elle le soulève. 4. Je savais parler le néerlandais quand j'avais dix ans.

Corrigé
1. 1. I said I had forgotten to send the telegram. 2. When I arrived she had finished the jigsaw puzzle. 3. They asked me whether I had seen the Swedish policewoman. 4. She told me she had always loved me.
2. 1. You could have warned me. 2. His Portuguese friend was able to solve that difficult problem. 3. It's too heavy for her to lift. 4. I could speak Dutch when I was ten.

67 *I'm afraid I ought to go now...*

Hello, Mum? It's me. Me, Mary. Mary! M... A... R... Y. Your daughter! I know it's eight months since you last heard from me, but... Look, mum, if you go on like this, I'll put the phone down. Oh, don't start crying, for heaven's sake, mum. Listen, mum,  we'll be back home in a few months' time. I'm afraid I ought to go now. There is a small, sickly-looking man waiting outside the phone box. I know, mum, you taught me not to judge people by their appearance. But he definitely looks very weird. Mum, I must hang up now... I think he wants to throw me into the canal. No, mum, the canal... I must hurry.

Allô, maman? C'est moi. Moi, Marie. Marie! M... A... R... I... E. Ta fille! Je sais qu'il y a huit mois que tu n'as plus eu de mes nouvelles, mais... Écoute, maman, si tu continues comme ça, je raccroche. Oh, ne commence pas à pleurer, pour l'amour du ciel, maman. Écoute, maman, nous serons à la maison d'ici quelques mois. Je crains que je doive m'en aller. Il y a un petit bonhomme dehors, devant la cabine téléphonique. Il a le teint maladif. Je sais, maman, tu m'as appris à ne pas juger les gens sur leur mine. Mais il a vraiment l'air très bizarre. Maman, je dois raccrocher maintenant... Je crois qu'il veut me jeter dans le canal. Non, maman, le canal... Je dois me dépêcher.

VOCABULAIRE

a phone box [ə ˈfəʊn ˈbɒks]	une cabine téléphonique
an appearance [ən əˈpɪərəns]	une apparence, un aspect
a canal [ə kəˈnæl]	un canal
a receiver [ə rɪˈsiːvə]	un récepteur, un écouteur
people (*plur.* sans article) [ˈpiːpl]	les gens
sickly [ˈsɪklɪ]	maladif
sickly-looking [ˈsɪklɪ ˈlʊkɪŋ]	ayant l'air maladif
weird [ˈwɪəd]	bizarre, étrange

definitely [ˈdefinitli] — décidément, précisément
outside (*prép.*) [ˈaʊtˈsaɪd] — en dehors de, à l'extérieur de
to go on (went, gone) [tə ˈgəʊ ˈɔn] — continuer
to put down (put, put) [tə ˈpʊt ˈdaʊn] — raccrocher
to cry [tə ˈkraɪ] — crier, pleurer
to be back [tə ˈbiː ˈbæk] — rentrer, retourner
to teach (taught, taught) [ˈtiːtʃ] [ˈtɔːt] — apprendre
to judge [tə ˈdʒʌdʒ] — juger
to hang up (hung, hung) [tə ˈhæŋʌp] [hʌŋ] — raccrocher
to throw (threw, thrown) [ˈθrəʊ] [ˈθruː] [ˈθrəʊn] — jeter
to hurry [tə ˈhʌri] — se dépêcher

GRAMMAIRE

1. I ought to go now

Ought to [ˈɔːt] est un auxiliaire qui ne prend pas de -s à la troisième personne du singulier. Pour le mettre à la forme négative il suffit d'ajouter not : ought not, qui est souvent contracté en oughtn't [ɔːtnt]. La forme interrogative s'obtient par simple inversion : Ought I.... L'auxiliaire ought n'a pas de prétérit et est suivi de l'infinitif avec to. *Exemple :*

I ought to go now.
Je devrais m'en aller maintenant.

Emploi. Ought to s'emploie pour exprimer l'idée d'une obligation, qui est plus atténuée que must. Il a souvent la valeur d'un conseil, indiquant ce qu'il est raisonnable de faire. Il se traduit en français par : « il faudrait que », « devrais ». *Exemple :*

You ought to go now (tu devrais partir)
You must go now (il faut que tu partes)

2. I should go now

Should est un auxiliaire qui a la même forme à toutes les personnes. Il se conjugue, comme tous les autres auxiliaires, sans do aux formes négatives et interrogatives. Il est suivi de l'infinitif sans to.

Emploi

Should peut s'employer de la même façon que ought to, pour exprimer la notion de devoir, de conseil amical. *Exemple :*

You should go to bed. Tu devrais aller te coucher.

68 *I ought to have done it*

I She They	ought oughtn't	to	see a psychiatrist report the accident be grateful
	should shouldn't		make less noise congratulate him wear contact lenses
		have	reserved a room taken a rest sent postcards spent the holidays in the mountains eaten hot dogs visited the castle

VOCABULAIRE

a psychiatrist [ə saɪˈkaɪətrɪst]	un psychiatre
an accident [ən ˈæksɪdənt]	un accident
a noise [ə ˈnɔɪs]	un bruit
a contact lens [ə ˈkɔntækt ˈlenz]	une lentille de contact
a postcard [ə ˈpəustkɑːd]	une carte postale
a mountain [ə ˈmauntɪn]	une montagne
a hot dog [ə ˈhɔt ˈdɔg]	petit pain fourré d'une saucisse chaude
a castle [ə ˈkɑːsl]	un château
grateful [ˈgreɪtful]	reconnaissant
to report [rɪˈpɔːt]	rapporter, signaler
to congratulate [tə kənˈgrætjuleɪt]	féliciter, complimenter
to wear (wore, worn) [tə ˈwɛə] [ˈwɔː] [wɔːn]	porter
to send (sent, sent) [tə ˈsend] [ˈsent]	envoyer
to spend (spent, spent) [tə ˈspend] [ˈspent]	passer (temps)

GRAMMAIRE

1. **They ought to have taken a rest.**
   Ought to+ have+ participe passé. Cette structure s'emploie pour indiquer qu'une obligation n'a pas été remplie. *Exemple :*
   They ought to have taken a rest.
   Ils auraient dû se reposer.

2. **They should have stopped at the red lights.**
   Should+ have+ participe passé s'emploie de la même façon que ought to have+ participe passé, pour signifier qu'un devoir n'a pas été accompli. *Exemple :*
   They should have stopped at the red lights.
   Ils auraient dû s'arrêter au feu rouge.

3. **He hasn't arrived yet. He must have missed the bus.**
   Must+ have+ participe passé s'emploie pour exprimer une déduction logique concernant des situations ou actions passées. *Exemple :*
   He hasn't arrived yet. He must have missed the bus.
   Il n'est pas encore arrivé. Il a dû rater l'autobus.

EXERCICES

1. **Traduisez en anglais.**
   1. Elle n'aurait pas dû dire ça. 2. Vous devriez visiter le château. 3. Tu devrais être reconnaissant. 4. Il faudrait qu'elle voie un psychiatre.

2. **Complétez les phrases suivantes à l'aide de ought to/ should + have + participe passé ou must + have + participe passé.**
   1. She hasn't given me a call. She... (forget) it. 2. Why didn't you visit the castle? You... (visit) it. 3. There is water on the car. It... (rain). 4. You didn't tell the truth, did you? You... (tell) the truth.

Corrigé

1. 1. She oughtn't to / shouldn't have said that. 2. You ought to / should visit the castle. 3. You ought to / should be grateful. 4. She ought to / should see a psychiatrist.

2. 1. She hasn't given me a call. She must have forgotten it. 2. Why didn't you visit the castle? You should / ought to have visited it. 3. There is water on the car. It must have rained. 4. You didn't tell the truth, did you? You ought to / should have told the truth.

69
Silly Snoopy, you'd have won the first prize if you hadn't run off with the judge's socks...

Silly Snoopy, you would have won the first prize if you had not run off with the judge's socks. And the cat would not have scratched you if you had not pulled her tail. If you had done as I told you, this would not have happened!

Yes... but if I had not woken you the other day, you would never have heard that burglar!

Tu es vraiment stupide, Snoopy. Tu aurais gagné le premier prix si tu n'avais pas filé avec les chaussettes du juge. Et le chat ne t'aurait pas griffé, si tu ne lui avais pas tiré la queue. Si tu avais fait ce que je t'avais dit, ceci ne serait jamais arrivé!

Oui... mais si moi je ne t'avais pas réveillé l'autre jour, tu n'aurais jamais entendu ce cambrioleur!

VOCABULAIRE

a prize [ə 'praɪz]	un prix (remporté)
a sock [ə 'sɔk]	une chaussette
a cat [ə 'kæt]	un chat
a tail [ə 'teɪl]	une queue
a burglar [ə 'bɜːglə]	un cambrioleur
a judge [ə 'dʒʌdʒ]	un juge
first ['fɜːst]	premier, première
to run off (ran, run) [tə 'rʌn 'ɔf] ['ræn] ['rʌn]	s'enfuir, filer
to scratch [tə 'skrætʃ]	griffer
to pull [tə 'pʊl]	tirer
to happen [tə 'hæpn]	arriver, se passer
to wake (woke, woken) [tə 'weɪk] ['wəʊk] ['wəʊkn]	réveiller

GRAMMAIRE

You would have won the first prize if you hadn't run off with the judge's socks.

Propositions conditionnelles.

Les phrases conditionnelles sont constituées de deux parties : la proposition subordonnée commençant par if et la proposition principale. On peut distinguer trois types de phrases conditionnelles :

1. **Le potentiel** exprime une hypothèse dont la réalisation est considérée comme possible. Un événement se produira si un autre événement se produit également. Le verbe de la proposition régie par if est au présent, le verbe principal au futur.

| if+ présent | futur dans la principale |

Exemple :
If it rains, we will get wet. S'il pleut, nous serons mouillés.

2. **L'irréel du présent** est lié à un fait qui n'est pas réalisé dans le présent. On envisage ce qui se passerait si une condition était réalisée. Le verbe de la subordonnée est au prétérit, le verbe de la proposition principale est au conditionnel présent.

| if+ prétérit | conditionnel présent |

Exemple :
If I had a lot of money, I would give it to you. Si j'avais beaucoup d'argent, je te le donnerais.

Notez qu'à la première personne du singulier et du pluriel, on emploie normalement la forme should, qui correspond au shall du futur (Voir Leçon 55). Mais la forme la plus commune pour toutes les personnes est would. Notez aussi qu'on emploie souvent were au lieu de was après if.

Exemple :
If I were you, I would not do that. A ta place, je ne le ferais pas.

3. **L'irréel du passé** est lié à un fait qui ne s'est pas réalisé dans le passé. Il exprime ce qui aurait pu se passer si un événement s'était produit. Le verbe de la subordonnée est au pluperfect et le verbe de la principale au conditionnel passé (would+ have+ participe passé).

| if+ pluperfect | conditionnel passé |

Exemple :
If you had not pulled the cat's tail, it would not have scratched you. Si tu n'avais pas tiré la queue du chat, il ne t'aurait pas griffé.

70 | *If I were you, I'd leave this country immediately*

If I were you,	I	would 'd	leave this country immediately
			wear a pink coat
			use scissors
			untie the knot
			buy some after-shave lotion
			try some hair curlers
			be desperate

If you had asked me,	I would have	accepted
		opened the parcel at once
		shown you the colour slides
		sewn the buttons on
		bought it in the health food shop
		flushed the lavatory
		built that cottage
		kept my promise

VOCABULAIRE

a country [ə ˈkʌntrɪ]	un pays
a coat [ə ˈkəʊt]	un manteau
a knot [ə ˈnɔt]	un nœud
after-shave lotion [ˈɑːftə ˈʃeɪv ˈləʊʃn]	lotion après rasage
a hair curler [ə ˈhɛə kəːlə]	un bigoudi
a parcel [ə ˈpɑːsl]	un paquet, un colis
a colour slide [ə ˈkʌlə ˈslaɪd]	une diapositive couleur
a button [ə ˈbʌtn]	un bouton
a health food shop [ə ˈhelθ ˈfuːd ˈʃɔp]	un magasin diététique
a lavatory [ə ˈlævətrɪ]	une toilette
a cottage [ə ˈkɔtɪdʒ]	une petite maison
a promise [ə ˈprɔmɪs]	une promesse
scissors [ˈsɪzəs]	des ciseaux
desperate [ˈdespərɪt]	désespéré(e)
to use [tə ˈjuːz]	employer, se servir de
to untie [tʊ ˈʌnˈtaɪ]	dénouer
to accept [tʊ əkˈsept]	accepter

VOCABULAIRE

to sew (sewed, sewn) [tə 'səʊ] ['səʊd] ['səʊn] coudre, attacher
to flush the lavatory [tə 'flʌʃ] tirer la chasse d'eau
to built (built, built) [tə 'bɪld] ['bɪlt] construire
to keep a promise [tə 'kiːp] tenir une promesse

EXERCICES

1. Mettez les formes correctes des verbes :
  1. We are going to play cricket this afternoon if it (stop) raining. 2. I (buy) that cottage, if it were not so expensive. 3. If I (have) enough money, I would have bought it. 4. If you had arrived in time, you (meet) my wife.

2. Faites des phrases, en allant d'une case à l'autre, sans sauter de case. Les cases de départ ont un chiffre indiquant le nombre de cases pour chaque phrase.

IF 10	YOU	I 9	PROMISE	UNTIE	THEY 7	LETTER
HAVE 6	SHE	ALREADY	WOULD	THAT	ASKED	WHETHER
HAD	COUNTRY	COLOUR	FLUSHED	KNOT	H'AD	WE
ASKED	ME	THE	SLIDES	DONE	IF	KEY
SHOW 5	I	SHE	LAVATORY	IT	MONEY	I
ACCIDENT	THEY 12	WOULD	MISTAKE	BABY	WERE	THE
CASTLE	TO	HAVE	A	YOU	FOUND	HAD
DID 5	OUGHT	A	TOLD	A	SHE	DUTCH
SHE 6	MAKE	HER	NOISE	LIE	IF	BEAUTY

Corrigé

1. 1. We are going to play cricket this afternoon if it stops raining. 2. I would buy that cottage, if it were not so expensive. 3. If I had had enough money, I would have bought it. 4. If you had arrived in time, you would have met my wife.

2. 1. If she had asked me I would have told her (10). 2. I would untie that knot if I were you (9). 3. They asked whether we had done it (7). 4. Have you already flushed the lavatory ? (6) 5. Show me the colour slides (5). 6. They would have told a lie if she had found the money (12). 7. Did she make a noise ? (5) 8. She ought to have a baby (6).

71

These aliens are all right, but I really wouldn't want my daughter to marry one...

Hi, Neil. How are you?
Mustn't grumble. Look, Peter, isn't that an alien?
Yes, sure. Well, these aliens are all right, but I wouldn't want my daughter to marry one, you see. I would rather she married some wealthy and powerful  tycoon, you know, the Onassis type. I would do anything, you see, to make my daughter happy. She used to go out with that successful businessman, Newman, Paul Newman I think his name was. And when he set off for work, she used to stand at the window and wave goodbye. She really loved him but their relationship led to nothing. Eventually he left her and later became a famous Hollywood star.

Salut, Neil. Comment allez-vous ?
Je ne peux pas me plaindre. Regardez, Peter, est-ce que ce n'est pas un martien ? Oui, sans aucun doute. A vrai dire, je n'ai rien contre ces extra-terrestres, mais je n'aimerais pas que ma fille en épouse un, voyez-vous. Je préférerais qu'elle se marie avec un magnat riche et puissant, vous savez, genre Onassis. Je ferais n'importe quoi, vous voyez, pour que ma fille soit heureuse. Avant, elle sortait avec cet homme d'affaires couronné de succès, Newman, Paul Newman, je crois qu'il s'appelait. Quand il partait pour son travail, elle se tenait à la fenêtre pour lui dire au revoir d'un geste de la main. Elle l'aimait beaucoup mais leur relation n'a mené à rien. Finalement, il l'a laissée tomber et plus tard il est devenu célèbre à Hollywood.

VOCABULAIRE

anything [ˈenɪθɪŋ]	n'importe quoi
a daughter [ə ˈdɔːtə]	une fille
a tycoon [ə taɪˈkuːn]	un magnat
a type [ə ˈtaɪp]	un type, un genre
a businessman [ə ˈbɪznɪsmən]	un homme d'affaires
a relationship [ə rɪˈleɪʃənʃɪp]	une relation

a window [ə 'wɪndəʊ]	une fenêtre
wealthy ['welθɪ]	riche
powerful ['paʊəfʊl]	puissant(e)
happy ['hæpɪ]	heureux, heureuse
to grumble [tə 'ɡrʌmbl]	grogner, rouspéter
to set off for work [tə 'set ɔf fə 'wɜːk]	partir pour le travail
to wave goodbye [tə 'weɪv ɡʊd'baɪ]	agiter la main en signe d'adieu
to lead (led, led) [tə 'liːd] ['led]	conduire, mener
to become (became, become) [tə bɪ'kʌm] [bɪ'keɪm]	devenir
I would rather [aɪ wʊd 'rɑːðə]	je préférerais
How are you? ['haʊ 'ɑː juː]	comment allez-vous ?
Quelques réponses:	
mustn't grumble ['mʌsnt 'ɡrʌmbl]	je n'ai pas à me plaindre
so-so, thanks ['səʊ'səʊ 'θæŋks]	couci-couça
fair to middling ['feə tə 'mɪdlɪŋ]	comme-ci, comme-ça
surviving, thanks [sə'vaɪvɪŋ 'θæŋks]	je tiens le coup, merci

GRAMMAIRE

1. **I would do anything to make my daughter happy.**
   Le conditionnel présent se forme avec would + infinitif sans to. A la première personne on peut toujours employer la forme should, mais il importe d'éviter l'ambiguïté qui pourrait exister entre should et would. La phrase : I should give you the money, but I can't (je te donnerais bien l'argent, mais je ne peux pas) pourrait également signifier : « il faudrait que je te donne l'argent (Voir leçon 67). Pour éviter cette idée d'obligation, il vaut mieux dire : I would give you the money...
   Would (et should) se contractent en 'd dans la langue parlée.

2. **On Sundays he would get up early.**
   Would, forme fréquentative
   Would s'emploie aussi pour décrire des activités habituelles passées. *Exemple:*
   On Sundays he would get up early. Le dimanche il avait l'habitude de se lever de bonne heure.

3. **She used to go out with that businessman** [juːst tə]
   Used to (même forme à toutes les personnes) s'emploie également pour décrire des habitudes dans le passé, dont on s'est débarrassé. La forme négative est used not (usedn't) ou didn't use to, la forme interrogative used he ou did he use. *Exemple:*
   She used to smoke two cigarettes a day; now she smokes twenty. Elle fumait deux cigarettes par jour ; maintenant elle en fume vingt.

4. **I would rather she married a wealthy tycoon.**
   Would rather + prétérit pour exprimer que ce que l'on préfère n'est pas ce qui existe en réalité.

72 | *I would rather she became a ballet-dancer*

| She | used to
would | go skating every winter
talk till late at night
watch Westerns
laugh at my long ears
slip away before the party ended | |

| Did they use
Used they | to | sing and dance all night
be afraid of spiders
beat John MacEnroe
be in good health
look after the kids | ? |

| I would rather | she | became a ballet-dancer
lay the table for lunch
lived up to her principles
took up gardening
minded her own business | |

VOCABULAIRE

a western ['westən]	un western
an ear [ən 'ɪə]	une oreille
a party [ə 'pɑːtɪ]	une réunion, une soirée
a ballet-dancer [ə 'bælɪ 'dɑːnsə]	une danseuse (de ballet)
a principle [ə 'prɪnsəpl]	un principe
a spider [ə 'spaɪdə]	une araignée
a kid [ə 'kɪd]	un gamin, une gamine
gardening ['gɑːdnɪŋ]	jardinage
to laugh at [tə 'lɑːf æt]	rire de, se moquer de
to slip away [tə 'slɪp ə'weɪ]	filer (à l'anglaise)
to end [tʊ 'end]	finir
to live up to one's principles [tə 'lɪv ʌp tə]	vivre conformément à ses principes
to take up [tə 'teɪk ʌp]	se mettre à faire, s'adonner à
to mind one's own business [tə 'maɪnd]	s'occuper de ses propres affaires
to be afraid of [tə 'biː ə'freɪd əv]	avoir peur de
to beat (beat, beaten) [tə 'biːt] ['biːtn]	battre
to be in good health [ɪn 'gʊd 'helθ]	être en bonne santé
to look after [tə 'lʊk 'ɑːftə]	soigner, s'occuper de

GRAMMAIRE

1. I would do anything, you see, to make my daughter happy.

Ne confondez pas <u>something</u>, <u>anything</u> et <u>everything</u>.

everything	signifie « tout », « toutes les choses »
anything	signifie « rien », « n'importe quoi »
something	signifie « quelque chose »
nothing	signifie « rien »

La même distinction peut être faite en parlant de personnes et de lieux.

everybody	signifie « tout le monde »
anybody	signifie « n'importe qui », « quelqu'un »
somebody	signifie « quelqu'un »
nobody	signifie « personne »

everywhere	signifie « partout »
anywhere	signifie « n'importe où », « quelque part »
somewhere	signifie « quelque part »
nowhere	signifie « nulle part »

Tous ces mots s'emploient toujours au singulier.

Exemple :
Everybody needs love. Tout le monde a besoin d'amour.

2. I wouldn't want my daughter to marry one.

On emploie <u>one</u> pour éviter la répétition d'un nom. Pour reprendre un nom au pluriel, on utilise <u>ones</u>.

Exemple :
These aliens are all right. But I wouldn't want my daughter to marry one. Je n'ai rien contre ces extra-terrestres. Mais je n'aimerais pas que ma fille en épouse un.

EXERCICES

1. Transformez les phrases suivantes en utilisant used to.
1. I like gardening. **2.** Are you in good health ? **3.** She's afraid of spiders. **4.** We lived in Spain.

2. Traduisez.
1. Avant, j'allais patiner chaque hiver. **2.** Je préférerais que tu t'occupes de tes affaires. **3.** Elle ne sort pas avec n'importe qui. **4.** Je ne veux pas cette chambre. J'en veux une avec bain.

Corrigé des exercices p. 192.

73. Mum, here is the little boy I invited to dinner

Mum, here is something that will surprise you. I'd like you to meet the little boy I invited to dinner, you remember?
What boy, Abraham?
You know, mum, the boy who has that flying saucer... the boy whose father you met at the bus-stop! Look, mum, he really takes after his father. He has the same nose, the same ears, the same feet. Mum, look at his feet. He's so cute. May I keep him, mum? I haven't time now, dear. He'll have to come back later.

Maman, j'ai quelque chose qui va te surprendre. Je voudrais que tu fasses la connaissance du petit garçon que j'ai invité à dîner, tu te rappelles?
Quel garçon, Abraham?
Tu sais bien, maman, le garçon qui a cette soucoupe volante... le garçon dont tu as rencontré le père à l'arrêt d'autobus! Regarde, maman, il ressemble tellement à son père. Il a le même nez, les mêmes oreilles et les mêmes pieds. Maman, regarde ses pieds. Il est tellement gentil. Je peux le garder, maman?
Je n'ai pas le temps, chéri. Il devra revenir plus tard.

VOCABULAIRE

a boy [ə 'bɔɪ]	un garçon
a nose [ə 'nəʊz]	un nez
a foot (two feet) [ə 'fʊt] ['fiːt]	un pied
little ['lɪtl]	petit(e)

little a une nuance subjective (d'affection, par exemple) qu'on ne retrouve pas dans le mot small (petit) qui désigne, d'une manière objective, la taille de quelqu'un.

to surprise [tə sə'praɪz]	surprendre
to invite [tʊ ɪn'vaɪt]	inviter
to keep (kept, kept) [tə 'kiːp] ['kept]	garder

VOCABULAIRE

to take after [tə ˈteɪk ˈɑːftə]   ressembler
I'd like you to meet the little boy
Notez la différence entre <u>I like</u>= « j'aime » et <u>I'd like</u>= « j'aimerais ».
Exemple :
  I like oysters. (J'aime les huîtres.)
  I'd like some oysters. (Je voudrais quelques huîtres.)

GRAMMAIRE

Mum, here is something that will surprise you.
Les pronoms relatifs

1. Les pronoms relatifs who et which.

On emploie <u>who</u> (et la forme complément <u>whom</u>) pour parler des personnes et <u>which</u> pour les choses. *Exemples :*

This is the little boy who lives next door. C'est le petit garçon qui habite à côté.

The newspaper which is lying on the table is mine. Le journal qui se trouve sur la table est à moi.

This is the little boy whom you met yesterday. C'est le petit garçon que tu as rencontré hier.

2. Le pronom relatif that

On peut employer <u>that</u> à la place des pronoms relatifs <u>who</u> et <u>which</u> (surtout en anglais parlé). Toutefois, <u>that</u> a une valeur restrictive et s'emploie surtout pour distinguer une personne ou une chose parmi plusieurs personnes ou plusieurs choses. *Exemples :*

My sister Ann, who lives in Paris, has just written me a letter. Ma sœur Anne, qui habite Paris, vient de m'écrire une lettre. Je n'ai probablement qu'une seule sœur et la proposition relative ne donne qu'un renseignement supplémentaire sur ma sœur. (Notez que la phrase relative est séparée du reste de la phrase par des virgules.)

My sister that lives in Paris has just written me a letter. Ma sœur qui habite Paris vient de m'écrire une lettre. J'ai plusieurs sœurs, mais je veux parler de celle qui habite Paris. (Dans la phrase restrictive il n'y a pas de virgules.)

<u>That</u> est obligatoire après <u>everything</u>, <u>nothing</u>, <u>something</u>, <u>only</u> et les superlatifs. *Exemple :*

Here is something that will surprise you. Voici quelque chose qui va t'étonner.

74 | You know, mum, the boy whose father you met at the bus-stop...

The lady	(that)	you saw yesterday you love so much you visited last summer you spoke to last night	is coming to tea
	who that	was here yesterday lives opposite my house sold me these sun-glasses used to look after the kids had lunch with us kissed me on the end of my nose	

Here is the man	whose	wife I met yesterday work I admire so much children play truant wife has run away lorry collided with mine

VOCABULAIRE

sun-glasses [ˈsʌnˈglɑːsɪz]	lunettes de soleil
a lorry [ə ˈlɔrɪ]	un camion
to love [tə ˈlʌv]	aimer
to admire [tʊ ədˈmaɪə]	admirer
to run away (ran, run) [tə ˈrʌn əˈweɪ]	s'enfuir, se sauver
to play truant [tə ˈpleɪ ˈtruənt]	faire l'école buissonnière
to sell (sold, sold) [tə ˈsel] [ˈsəʊld]	vendre
to collide [tə kəˈlaɪd]	entrer en collision

GRAMMAIRE

1. Omission du pronom relatif

Lorsque le pronom relatif (<u>that</u>, <u>which</u>, <u>who</u>) n'est pas sujet de la phrase, il peut être omis, surtout en anglais parlé. *Exemple :*

Here is the little boy (that) I invited to dinner. Voici le petit garçon que j'ai invité à dîner. They believed every word (that) I said. Ils croyaient tout ce que je disais.

2. This is the boy whose father you met yesterday.

Whose est le pronom relatif qui correspond au français « dont ». Whose n'est jamais suivi d'article. *Exemple :*
   This is the boy whose father you met yesterday.
   Voici le garçon dont tu as rencontré le père hier.

Whose s'emploie pour les personnes. Pour les choses on emploie la structure of which qui se place après le nom. Cette structure est très recherchée et est généralement remplacée par whose. *Exemple :*
   The house the door of which is open...
   The house whose door is open...
   La maison dont la porte est ouverte...

3. He'll have to come back later.

L'auxiliaire must (Voir leçon 35) n'existe qu'au présent. Aux autres temps (futur, passé) il est remplacé par les formes correspondantes de have to (will have to, had to). *Exemple :*
   He'll have to come back later.
   Il devra revenir plus tard.
   They didn't have to come.
   Ils n'étaient pas obligés de venir.

EXERCICES

1. **Reliez les phrases suivantes au moyen de pronoms relatifs.** 1. Did you read the book? I wrote it. 2. Please bring me the scissors. They were on the table. 3. What is the name of the boy? He lives next door. 4. This is the girl. I met her mother yesterday.

2. **Ajoutez le pronom relatif. Lorsqu'il peut être omis écrivez-le entre parenthèses.** 1. Where is that shop... sells postcards? 2. The key... I lost wasn't mine. 3. The dress... she is wearing is lovely. 4. The lorries... arrived last night have now left.

Corrigé

1. 1. Did you read the book (that) I wrote. 2. Please bring me the scissors that were on the table. 3. What is the name of the boy who / that lives next door? 4. This is the girl whose mother I met yesterday.

2. 1. Where is that shop that sells postcards? 2. The key (that) I lost wasn't mine. 3. The dress (that) she is wearing is lovely. 4. The lorries that arrived last night have now left.

75 *Ever since I gave up smoking, I've started gaining weight*

Don't be so stupid, Mindy, you only stopped half an hour ago

Ever since I gave up smoking, I've started gaining weight.
Don't be ridiculous, Mindy, you only stopped an hour ago.
To be honest, I haven't really given up smoking. But I'm thinking of giving up. The thing is, you see, all that publicity about lung cancer frightened me so much, I started smoking just to calm my nerves.

Depuis que j'ai cessé de fumer, j'ai commencé à prendre du poids.
Ne sois pas ridicule, Mindy, tu t'es arrêtée il n'y a qu'une heure.
A vrai dire, je n'ai pas vraiment arrêté de fumer. Mais je pense le faire. Le problème, tu vois, c'est que toute cette publicité sur le cancer du poumon m'a tellement effrayée que j'ai commencé à fumer pour me calmer les nerfs.

VOCABULAIRE

lung cancer [ˈlʌŋ ˈkænsə]	cancer du poumon
publicity [pʌˈblɪsɪtɪ]	publicité
a thing [ə ˈθɪŋ]	une chose
the thing is...	le problème, c'est...
a nerve [ə ˈnɜːv]	un nerf
to lose one's nerve [tə ˈluːz]	perdre son sang-froid
honest [ˈɔnɪst]	honnête
to gain weight [tə ˈgeɪn ˈweɪt]	prendre du poids
to give up (gave, given) [tə ˈgɪv ˈʌp]	cesser de, renoncer à
to frighten [tə ˈfraɪtn̩]	effrayer
to calm [tə ˈkɑːm]	calmer

GRAMMAIRE

1. I want you to tell me the truth.
Certains verbes, comme to want, to persuade, to ask, to tell sont suivis d'un nom ou pronom complément + to-infinitif. (Voir Leçon 29).
Exemple :

I want you to go away.
Je veux que tu t'en ailles.

2. Ever since I gave up smoking, I've started gaining weight.
D'autres verbes, comme to enjoy, to finish, to give up, to hate, to start, etc., sont suivis de la forme en -ing.
Exemple :

I started gaining weight.
J'ai commencé à prendre du poids.

La forme en -ing s'emploie également après des expressions comme it's no use (c'est inutile), it's no good (cela ne sert à rien), it's worth (ça vaut la peine).
Exemple :

It's no use trying.
C'est inutile d'essayer.

3. I would like to go to that film tonight.
I like going to the cinema.
Certains verbes sont suivis soit de l'infinitif, soit de la forme en -ing, sans qu'il y ait une différence de sens.
Exemple :

She began working / to work.
Elle commençait à travailler.

Parfois, il existe une différence de sens. Les verbes to like et to love sont suivis de l'infinitif quand il s'agit d'une activité bien précise, et de la forme en -ing quand il s'agit d'une activité plus générale.
Exemple :

I'd like to go to that film tonight.
Je voudrais bien aller voir ce film ce soir.
I like going to the cinema.
J'adore aller au cinéma.

76 | *She loves lying on her back and staring at the sky*

| He | hates
enjoys
dislikes
prefers | peeling onions
lying on his back and staring at the sky
eating sour apples
walking in the rain
studying wild-life
shaving with an electric razor
killing wasps
eating peas with his fingers
signing autographs
telling jokes
watching bullfights |

| It's absolutely no use | crying
trying to talk me round
asking for more
making eyes at me
contradicting me |

VOCABULAIRE

an onion [ən 'ʌnjən]	un oignon
the sky [ðə 'skaɪ]	le ciel
an apple [ən 'æpl]	une pomme
the rain [ðə 'reɪn]	la pluie
wild-life ['waɪld laɪf]	la faune
a razor [ə 'reɪzə]	un rasoir
a wasp [ə 'wɔsp]	une guêpe
peas ['piːz]	petits pois
an autograph [ən 'ɔːtəˌgrɑːf]	un autographe
a joke [ə 'dʒəʊk]	une blague
a bullfight [ə 'bʊlfaɪt]	un combat de taureaux
a back [ə 'bæk]	un dos
sour ['saʊə]	aigre, sûr
electric [ɪ'lektrɪk]	électrique
to stare (at) [tə 'stɛə]	regarder (fixement)
to kill [tə 'kɪl]	tuer
to sign [tə 'saɪn]	signer
to talk round [tə 'tɔːk 'raʊnd]	enjôler
to make eyes at [tə 'meɪk 'aɪz ət]	lancer des œillades
to contradict [tə kɔntrə'dɪkt]	contredire

GRAMMAIRE

Please remember to give me the money tomorrow.
I remember giving you the money last night.

Plusieurs verbes sont suivis de l'infinitif ou de la forme en -ing, avec une différence de sens.
Exemple :

to remember suivi de l'infinitif avec to se traduit par : « ne pas oublier de faire quelque chose », tandis que to remember suivi de la forme en -ing a le sens de « se souvenir de ce qu'on a fait ».

  Please remember to give me the money tomorrow.
  N'oubliez pas de me donner l'argent demain.
  I remember giving you the money last night.
  Je me souviens de vous avoir donné l'argent hier soir.

EXERCICES

1. **Mettez les verbes entre parenthèses à l'infinitif ou à la forme en -ing.**
   1. She remembers (to go) to France when she was nineteen. 2. It's no good (to cry). 3. They enjoy (to tell) jokes. 4. She's persuaded me (to help) her.

2. **Traduisez.**
   1. Ça ne sert à rien de pleurer. 2. Je voudrais danser. 3. Elle se souvenait d'avoir écrit la lettre. 4. Il commençait à pleuvoir.

Corrigé

1. 1. She remembers going to France when she was nineteen. 2. It's no good crying. 3. They enjoy telling jokes. 4. She's persuaded me to help her.

2. 1. It's no use crying. 2. I would like to dance. 3. She remembered writing the letter. 4. It started raining.

77 — These plants mustn't be fed, sir...

This is the greenhouse where the carniverous plants are kept. Excuse me, sir, these doors must be kept shut. The plants are particularly sensitive to draughts. Sir, you aren't allowed to smoke in this museum. And you are supposed to stay behind the railings, sir. If I were you, sir, I wouldn't touch the plants. Sir, these plants mustn't be fed... What makes you think I've fed the plants?

Ceci, c'est la serre où l'on garde les plantes carnivores. Excusez-moi, monsieur, il faut refermer les portes. Les plantes sont extrêmement sensibles aux courants d'air. Monsieur, vous ne pouvez pas fumer dans ce musée. Et vous êtes censé rester derrière la clôture, monsieur. A votre place, je ne toucherais pas les plantes, monsieur. Monsieur, il est interdit de donner à manger aux plantes... Qu'est-ce qui vous fait croire que j'ai nourri les plantes ?

VOCABULAIRE

a greenhouse [ə ˈgriːnhaus]	une serre
a plant [ə ˈplɑːnt]	une plante
a draught [ə ˈdrɑːft]	un courant d'air
a museum [ə ˈmjuːzɪəm]	un musée
railings [ˈreɪlɪŋz]	une clôture
carniverous [kɑːˈnɪvərəs]	carnivore
sensitive [ˈsensɪtɪv]	sensible
sensible [ˈsensɪbl]	sensé, raisonnable
particularly [pəˈtɪkjʊləlɪ]	particulièrement
behind [bɪˈhaɪnd]	derrière
to shut (shut, shut) [tə ˈʃʌt]	fermer
to allow [tʊ əˈlaʊ]	permettre, admettre
to suppose [tə səˈpəʊz]	supposer
to touch [tə ˈtʌtʃ]	toucher

GRAMMAIRE

1. These plants mustn't be fed, sir
La voix passive
La voix passive s'obtient avec le verbe to be (au temps voulu) + le participe passé du verbe actif.
Exemple :

Présent	it is shown (on a montré)
Présent continu	it is being shown
Prétérit	it was shown
Prétérit continu	it was being shown
Present perfect	it has been shown
Pluperfect	it had been shown
Futur	it will be shown
Conditionnel	it would be shown
Conditionnel passé	it would have been shown
Auxiliaire + inf.	it must be shown

2. Emploi
La voix passive s'emploie, en règle générale, lorsqu'on veut mettre en relief l'action même plutôt que la personne qui fait l'action.
Exemple :

« They have stolen my money » est bien moins courant que « My money has been stolen ».

La voix passive est beaucoup plus employée en anglais qu'en français qui a plus facilement recours à la structure avec on ou aux verbes réfléchis.
Exemple :

It is said that... = on dit que...
Carlsberg is drunk... = La Carlsberg se boit...

3. He was given a new motorbike.
Lorsque le verbe actif à deux compléments, le complément indirect (personnel) devient généralement le sujet de la phrase passive.
Exemple :

He was given a new motorbike.
On lui a donné une nouvelle moto.

4. Hamlet was written by Shakespeare.
Le complément d'agent, introduit par la préposition by, ne sera mentionné que s'il est nécessaire.
Exemple :

Hamlet was written by Shakespeare.
Hamlet a été écrit par Shakespeare.

78 | *She was given twenty thousand three hundred and seventy pounds*

| She was given | twenty thousand three hundred and seventy pounds
forty-eight hours
room 304
Beethoven's ninth symphony
a picture of Louis the Fourteenth |

| What makes | you think I've been in France
you cry
you believe I've cheated | ? |

VOCABULAIRE

a symphony [ə ˈsɪmfənɪ]   une symphonie
a picture [ə ˈpɪktʃə]   un portrait
to cheat [tə ˈtʃiːt]   tromper

twenty thousand three hundred and seventy (20370)
   En anglais britannique le mot <u>and</u> joint les centaines / milliers et les unités / dizaines.
forty-eight hours (48)
   Les dizaines et les unités doivent être reliées par un trait d'union.
room 304
   Les chiffres dans les numéros de téléphone, de chambre d'hôtel, etc. se disent séparément. On dit three-O-four [θriːəʊfɔː].
Beethoven's ninth symphony
   Les nombres ordinaux se forment en ajoutant -th aux nombres cardinaux (sauf : first, second, third). Pour abréger un nombre ordinal on écrit les chiffres+ les deux dernières lettres du nombre
Exemple :
   first - 1st
   third - 3rd
   seventeenth - 17th
Louis the Fourteenth
   On emploie les nombres ordinaux pour désigner les rois, etc.

GRAMMAIRE

1. What makes you think I've stolen the picture?
Faire faire une chose
Make + complément d'objet + infinitif (sans to) se traduit par « faire » + infinitif. Cet infinitif a un sens actif.
Exemple:
  They made me laugh = ils m'ont fait rire

2. I had my coat cleaned.
Have + complément d'objet + participe passé est une tournure dans laquelle le verbe to clean a un sens passif. J'ai fait nettoyer mon manteau par un teinturier, le manteau a été nettoyé.
L'ordre des mots est extrêmement important. Comparez ces deux phrases:
  I have cleaned my coat = j'ai nettoyé mon manteau (moi-même)
  I have my coat cleaned = je fais nettoyer mon manteau.
Le verbe have dans le sens de « faire faire » est un verbe ordinaire qui se conjugue avec do, did.
Exemple:
  I didn't have my coat cleaned.
  Je n'ai pas fait nettoyer mon manteau.

EXERCICES

1. Traduisez
1. Ne me faites pas pleurer. 2. Elle a fait écrire cette lettre. 3. On m'a donné un tableau de Louis Quinze. 4. On parle anglais ici.

2. Mettez au passif
1. Somebody has already shut the door. 2. They gave my sister a new bracelet. 3. Someone is showing me how to peel onions. 4. Somebody will answer my question.

Corrigé
1. 1. Don't make me cry. 2. She had that letter written. 3. I was given a picture of Louis the Fifteenth. 4. English is spoken here.
2. 1. The door has already been shut. 2. My sister was given a new bracelet. 3. I am being shown how to peel onions. 4. My question will be answered.

79 | *Turn it off, Charlie! But slowly!*

Turn it off, Charlie! But slowly, very slowly...
I don't know what happened. He must have been completely out of his mind. He said he didn't know he was sitting on the water mains. He said he couldn't see clearly without his glasses. I shouted immediately to attract his attention, loud and clear. But he didn't run fast enough. He got completely wet and walked away angrily. Well, you can hardly expect him to smile...

Coupe l'eau, Charlie! Mais lentement, très lentement... Je ne sais pas ce qui s'est passé. Il a dû perdre la tête complètement. Il disait qu'il ne savait pas qu'il était assis sur les conduites d'eau. Il disait qu'il ne voyait pas très clair sans ses lunettes. J'ai crié immédiatement haut et fort pour attirer son attention. Mais il n'a pas couru assez vite. Il était complètement mouillé et est parti en colère. Tu ne veux quand même pas qu'il sourie...

VOCABULAIRE

the water mains [ðə 'wɔːtəmeɪnz]	les conduites d'eau
attention [ə'tenʃən]	attention
loudly ['laʊdlɪ]	à haute voix
clearly ['klɪəlɪ]	clair, clairement
loud and clear ['laʊdn'klɪə]	clair et à haute voix
completely [kəm'pliːtlɪ]	complètement
slowly ['sləʊlɪ]	lentement
immediately [ɪ'miːdjətlɪ]	immédiatement
fast (adv.) ['fɑːst]	vite, rapidement
hardly ['hɑːdlɪ]	à peine
to turn off [tə 'tɜːn 'ɔf]	fermer, couper
to be out of one's mind [tə 'biː 'aʊtəvwʌnz 'maɪnd]	avoir perdu la raison
to attract [tə ə'trækt]	attirer

GRAMMAIRE

1. He couldn't see clearly
La formation des adverbes
La plupart des adverbes de manière se forment à partir d'adjectifs, auxquels on ajoute le suffixe -ly.
Exemple : slow - slowly, complete - completely
Les adjectifs en -y changent cet -y en -i.
Exemple : happy - happily, angry - angrily

Formes irrégulières
1. L'adverbe qui correspond à good est well.
2. Les adjectifs se terminant par -ly n'ont pas de forme adverbiale. On emploie, dans ces cas, une locution comme « in a... way » ou un autre adverbe.
Exemple : friendly - in a friendly way (amicalement)
3. Certains adverbes ont la même forme que l'adjectif.
Exemple : he didn't run fast enough. Il n'a pas couru assez vite.
This is a fast car. C'est une voiture rapide.
4. Parfois il y a deux formes adverbiales, avec un sens différent. *Exemple :*
They used to work hard (Avant, ils travaillaient dur).
You can hardly expect... (On peut difficilement s'attendre...)
5. Certains adverbes ont deux formes qui ont le même sens : la première forme est identique à l'adjectif, la seconde prend -ly. *Exemple :*
he couldn't see clearly (distinctement)
Mais : I shouted, loud and clear.

2. You speak English very well.
La position des adverbes
En anglais, il est rarement possible de mettre un adverbe entre le verbe et le complément d'objet. Il se place généralement après le complément d'objet.
Exemple :
You speak English very well. Tu parles très bien anglais.

S'il y a plusieurs adverbes en fin de phrase, l'ordre préféré est manière, lieu, temps. Cependant, si l'on veut mettre en évidence un adverbe, on peut changer cet ordre en mettant des adverbes en tête de la phrase.
Exemples :
It was raining heavily in Paris yesterday.
Yesterday it was raining heavily in Paris.
Hier il pleuvait fort à Paris.

80 | *She often goes to the theatre*

| She | often
seldom
always
rarely
never | goes to the theatre
has parties in the garden
beats me at poker
beats about the bush
talks shop |

| They | have | always
never
seldom | been polite
been searched by the customs
blackmailed their friends
made sarcastic remarks
appreciated your help
shown courage
failed to keep their promises |

VOCABULAIRE

poker [ˈpəʊkə]	poker
a poker face [ə ˈpəʊkə ˈfeɪs]	un visage qui ne trahit aucune émotion
a remark [ə rɪˈmɑːk]	une remarque
courage [ˈkʌrɪdʒ]	du courage
help [ˈhelp]	de l'aide
sarcastic [sɑːˈkæstɪk]	sarcastique, mordant
polite [pəˈlaɪt]	poli(e)
often [ˈɔfn]	souvent
rarely [ˈrɛəlɪ]	rarement
seldom [ˈseldəm]	rarement
never [ˈnevə]	jamais
always [ˈɔːlweɪz]	toujours
to beat about the bush [tə ˈbiːt əˈbaʊt ðə ˈbʊʃ]	tourner autour du pot
to talk shop [ʃɔp]	parler métier, parler affaires
to search [tə ˈsəːtʃ]	fouiller
to blackmail [tə ˈblækmeɪl]	soumettre à un chantage, faire chanter
to appreciate [tʊ əˈpriːʃɪeɪt]	apprécier
to fail [tə ˈfeɪl]	négliger de faire

GRAMMAIRE

1. He couldn't see clearly
Les adverbes de manière, comme clearly, beautifully, well, badly, etc., se placent après le verbe.

2. He often talks to himself
Les adverbes de fréquence (qui répondent à la question : « How often ? »), comme <u>often</u>, <u>never</u>, <u>always</u>, <u>seldom</u>, etc. et quelques autres adverbes, comme <u>almost</u> (presque), <u>hardly</u> (à peine), <u>just</u> (justement), <u>quite</u> (tout à fait) se placent presque toujours avant le verbe. *Ex. :*
   She often goes to the cinema. Elle va souvent au cinéma.

Ils se placent toutefois après le verbe <u>to be</u>. *Ex. :*
   She is never polite. Elle n'est jamais polie.

Quand le verbe se compose de plusieurs mots, l'adverbe se place normalement après le premier auxiliaire. *Exemple :*
   They have never shown courage. Ils n'ont jamais montré de courage.

3. Do you often go swimming ?
Dans les phrases interrogatives, l'adverbe doit se placer après le sujet. A la forme négative il se met derrière la négation. *Exemple :*
   She has not often been blackmailed. On ne l'a pas souvent fait chanter.

EXERCICES

Mettez les adverbes à la position correcte.
1. (In bed) (in the morning) does she like breakfast ? **2.** (Just) I have eaten a few kiwis. **3.** (Well) she speaks Spanish. **4.** (To France) (on Wednesday) we are going. **5.** (Never) they eat fish. **6.** (Clearly) she couldn't hear me. **7.** (Last month) (to Edinburgh) I went. **8.** (Hardly) you can expect her to smile.

Corrigé
1. Does she like breakfast in bed in the morning ? **2.** I have just eaten a few kiwis. **3.** She speaks Spanish well. **4.** We are going to France on Wednesday. **5.** They never eat fish. **6.** She couldn't hear me clearly. **7.** I went to Edinburgh last month / Last month I went to Edinburgh. **8.** You can hardly expect her to smile.

Verbes irréguliers

Infinitif	Prétérit	Part. passé	
to be	was	been	être
to become	became	become	devenir
to begin	began	begun	commencer
to bite	bit	bitten	mordre
to break	broke	broken	casser
to bring	brought	brought	apporter
to build	built	built	construire
to burn	burnt	burnt	brûler
to buy	bought	bought	acheter
to catch	caught	caught	attraper
to choose	chose	chosen	choisir
to come	came	come	venir
to cost	cost	cost	coûter
to cut	cut	cut	couper
to dig	dug	dug	creuser
to do	did	done	faire
to draw	drew	drawn	tirer
to drink	drank	drunk	boire
to drive	drove	driven	conduire
to eat	ate	eaten	manger
to fall	fell	fallen	tomber
to feed	fed	fed	nourrir
to feel	felt	felt	(se) sentir
to find	found	found	trouver
to fly	flew	flown	voler
to forget	forgot	forgotten	oublier
to forgive	forgave	forgiven	pardonner
to get	got	got	obtenir
to give	gave	given	donner
to go	went	gone	aller
to grow	grew	grown	grandir
to hang	hung	hung	pendre
to have	had	had	avoir
to hear	heard	heard	entendre
to hide	hid	hidden	(se) cacher
to hold	held	held	tenir
to keep	kept	kept	garder
to know	knew	known	savoir
to learn	learnt	learnt	apprendre

to leave	left	left	quitter
to lend	lent	lent	prêter
to let	let	let	laisser
to lie	lay	lain	être couché
to lose	lost	lost	perdre
to make	made	made	faire
to meet	met	met	rencontrer
to pay	paid	paid	payer
to put	put	put	mettre
to read	read	read	lire
to ride	rode	ridden	aller à cheval, à bicyclette
to ring	rang	rung	sonner
to rise	rose	risen	se lever
to run	ran	run	courir
to say	said	said	dire
to see	saw	seen	voir
to sell	sold	sold	vendre
to send	sent	sent	envoyer
to set	set	set	mettre
to shake	shook	shaken	secouer
to show	showed	shown	montrer
to shut	shut	shut	fermer
to sing	sang	sung	chanter
to sit	sat	sat	s'asseoir
to sleep	slept	slept	dormir
to speak	spoke	spoken	parler
to spend	spent	spent	passer (temps)
to steal	stole	stolen	voler
to stick	stuck	stuck	coller
to swim	swam	swum	nager
to take	took	taken	prendre
to teach	taught	taught	enseigner
to tell	told	told	raconter
to think	thought	thought	penser
to throw	threw	thrown	jeter
to understand	understood	understood	comprendre
to wear	wore	worn	porter (un vêtement)
to win	won	won	gagner
to withdraw	withdrew	withdrawn	(se) retirer
to write	wrote	written	écrire

Solution des exercices

	T	H	I	R	S	T	Y
				R			E
		*	I				L
		M	B				L
A		B	L		S	O	
L	O	R	R	Y		W	
I		E					
E		L					
N		L					
S		A					

Corrigé de l'exercice de la leçon 10

Solution de la leçon 50
A car is as comfortable as an aeroplane.
She didn't apologize for stepping on my foot.
The Queen decided to have tea with me.
There were only a few sandwiches in the house.
She has not got much tea in the house.
They are not going to eat any mutton.

Corrigé des exercices de la leçon 64
2. 1. What have you been doing since I last saw you ? **2.** I've waited half an hour for that bus, and now I'm going home. **3.** That newspaper has been lying on the table for months. Have you read it yet ? **4.** You must wake her ! She has been sleeping for twelve hours !

2. 1. Neither of them is French. **2.** We are both happy. **3.** Neither of them has been to London. **4.** Both of them are wearing funny shoes.

Corrigé des exercices de la leçon 72
1. 1. I used to like gardening. **2.** Did you use to be in good health ? **3.** She used to be afraid of spiders. **4.** We used to live in Spain.

2. 1. I used to go skating every winter. **2.** I would rather you minded your own business. **3.** She doesn't go out with anybody. **4.** I don't want this room. I want one with a bath.

Index grammatical

Les chiffres renvoient aux leçons.

a, an, article indéfini	1
absence d'obligation, needn't	37
accent tonique	53
a friend of mine	16
adjectifs	2
adjectif de nationalité	65
adjectif possessif	6, 7, 15
adverbe, formation	79
adverbes, place	50, 79
adverbes de degré	4
adverbes de manière	80
adverbes fréquentatifs, position	31, 80
a few, few	48
a little, little	48
a lot of, much, many	44
already, present perfect	61
always, place	31
anglais américain, différences	44
any	18
anybody	72
anything	72
are they?	9
are we?	9
are you?	7
article indéfini	1
article défini	13
ask+ complément+ infinitif	75
augmentation proportionnelle	42
avoir, être	8
both	64
by, complément d'agent	77
can, capacité	19
can't, interdiction	37
cas possessif	13, 14
comparatif, forme	39
comparatif d'égalité	4, 39
comparatif d'inégalité	39
complément d'agent	77
could	66
could have+ participe passé	66
déduction logique	35
de plus en plus..., traduction	39

discours indirect, affirmatif	57
discours indirect, interrogatif	58
do, don't	25, 29
does, doesn't	27, 29
do, does, d'insistance	27
do, make	28
double possessif	16
enjoy+ forme en -ing	75
éventualité, may, might	60
ever, present perfect	61
everybody	72
everything	72
exclamation, what et how	12
exclamation interronégative	12
exclamation, ordre des mots	34
faire faire, traduction	78
fairly, rather	32
feel+ infinitif sans to	54
few, a few	48
finish+ forme en -ing	75
for, since	62
forme interronégative	56
forme pleine et faible	23
futur, shall, will	55
futur continu	58
gérondif, après une préposition	38
gérondif, après certains verbes	32
gérondif, sujet	23, 40
get, plusieurs sens	37
give up+ forme en -ing	75
going to	33
h, prononciation	36
had better	46
hate+ forme en -ing	75
have, causatif	78
have, idiomatique	45
have, possession	43
have got, possession	43
have to, obligation	35, 45, 74
he is, he's	11
he is not, he isn't	11
hear+ infinitif sans to	54
heure, comment dire l'heure	36
how long	63
I am, I'm	5
I am not, I'm not	5
if, style indirect	58
ill, sick	35
impératif	2, 13
impératif, négatif	13
impératif, d'insistance	13

in, of, complément suivant superlatif	41
insistance, conjugaison emphatique	13, 27
intention, avec going to	33
intention, shall, will	55
interdiction	37
is he?, simple inversion	11
is she?, simple inversion	11
is it?, simple inversion	3
is there?	17
it	1, 3
it is, it's	1
it is not, it isn't	1
just, venir de	60
lately, present perfect	61
learn, teach	56
let, à l'impératif	26
like+ infinitif/gérondif	75
little, small	73
little, a little	48
locutions de temps	51
look, watch	23
love+ infinitif/gérondif	75
make, causatif	78
make, do	28
make+ infinitif sans to	54
managed to	66
many, much, a lot of	44
may, might, éventualité	60
may, permission	60
might, éventualité	60
more, forme le comparatif	39
most, forme le superlatif	41
much, many, a lot of	44
must, obligation	35
must, déduction logique	35
mustn't, interdiction	37
must+ infinitif passé	68
nationalité, adjectif et nom	65
needn't, absence d'obligation	37
neither	64
n'est-ce pas?, traduction	23, 30
never, present perfect	61
no, not any	18
nobody	72
nom caméléon	17
nom composé, trait d'union	41
nom, indénombrable	14, 21
nom, pluriel	14
nombres cardinaux et ordinaux	78
not any, no	18
not as, not so	39

INDEX GRAMMATICAL

nothing	72
no use+ forme en -ing	75
obligation	35, 67
occasionally, place	31
often, place	31
one, pour remplacer un nom	26, 72
ought to	67
ought to+ infinitif passé	68
particule adverbiale, position	28, 29
permission, may, can	60
pluperfect simple	65
pluriel régulier	9, 18
pluriel irrégulier	10
possession, have got	43
prédiction, avec going to	33
préposition, place dans les questions	9, 24, 47
present perfect simple	59, 60, 61
present perfect progressif	63
présent progressif	21, 22, 25
présent progressif, futur	22
présent simple	25, 27, 31
prétérit progressif	53
prétérit simple, formes irrégulières	51
prétérit simple, formes régulières	48
prétérit simple, verbe to be	47
pronom démonstratif	6, 16
pronom interrogatif	8, 16, 52
pronom personnel, complément	11
pronom possessif	15
pronom relatif	73
proposition conditionnelle	69
proposition infinitive	29
question tags	23, 30, 44
r, prononciation	27
rather, fairly	32
rather, would rather	71
remember+ infinitif/gérondif	76
remember, remind	47
réponses courtes	3, 20, 44
reprises interrogatives	20
rythme de la phrase	51
say, tell	57
see+ infinitif sans to	54
shall, will, futur	55
she is, she's	11
she is not, she isn't	11
should, obligation	67
should+ infinitif passé	68
sick, ill	35
since, for	62
so is he	40

INDEX GRAMMATICAL · 197

so far, present perfect	61
some	18
somebody	72
something	72
sometimes, place	31
souhait poli	47
start+ forme en -ing	75
stop+ forme en -ing	75
style indirect, affirmatif	57
style indirect, interrogatif	58
such, so	19
suggestion, shall	55
superlatif, forme	41
teach, learn	56
tell, say	57
than et as	39, 40
that, conjonction (omission)	25
that, pronom relatif	74
the, article défini	13
there is, there's	17
there is not, there isn't	17
they are, they're	9
they are not, they aren't	9
this, that, pronom démonstratif	6, 16
too+ adjectif	66
used to	71
usually, place	31
verbes à deux compléments	33
voix passive	77
voix passive, deux compléments	77
wait for+ complément+ infinitif	64
want, + proposition infinitive	29
was, were	47
was, were able to	66
watch+ infinitif sans to	54
we are, we're	9
we are not, we aren't	9
where, interrogatif	9
whether, style indirect	58
who, what, pronom interrogatif	8, 30, 52
who, which, pronom relatif	72, 73, 74
whose, pronom interrogatif	16
whose, pronom relatif	74
will, shall, futur	55
would, conditionnel	71
would, forme fréquentative	71
would like	47
would rather	71
yet, present perfect	61
you are, you're	7
you are not, you aren't	7

Lexique français/anglais

à qui ? : whose ?
absolument : absolutely
accepter : to accept
accident : accident
accompagner (pour dire au revoir) : to see off
acheter : to buy
acteur : actor
admirer : to admire
adolescent : teenager
adresse : address
affaire, chose : matter
agent de police : policeman
agglomération : built-up area
agiter la main en signe d'adieu : to wave goodbye
aide, de l'- : help
aider : to help
aigre, sur : sour
aimer : to like, to love
air : tune
air, avoir l'- de : to look like
alcool : alcohol
aller chercher : to fetch, to go and get
aller, se rendre à : to get
allumette : match
ambassade : embassy
ambulance : ambulance
ami : boy-friend, friend
amical : friendly
amitié : friendship
américain : American
amuser, s'- : to enjoy oneself
amuser, bien s' : to have a good time
anglais : English
animal familier : pet
anniversaire : birthday
année : year
apparaître, se présenter : to show up
apparence, aspect : appearance
appeler : to call

apprendre : to learn, to teach
apprécier : to appreciate
après : after
après-demain : day after tomorrow
après-midi : afternoon
araignée : spider
arbre : tree
argent : money
argent, gagner de l'- : to make money
arracher : to tear off
arranger, s'- : to turn out
arrêt d'autobus : bus stop
arrêter, s'- : to stop
arriver : to arrive
arriver, se passer : to happen
arroser : to water
aspirine : aspirin
asseoir, s' : to sit, to sit down
assez : enough
assez, plutôt : rather
assis, être- : to sit
assister à : to attend
assoiffé : thirsty
assoupir, s- : to doze off
assurance (de voiture) : insurance
assurer : to assure
astronaute : astronaut
athlète : athlete
attendre : to expect, to wait for
attentif, prudent : careful
attention : attention
attirer : to attract
attraper : to catch
attrayant : attractive
aujourd'hui : today
aussi : also, too
aussi...que : as...as
autobus à impériale : double-decker
autographe : autograph
autoroute : motorway
autre : other

avaler: to swallow
avant: before
avant-hier: day before yesterday
avec: with
avertir, prévenir: to warn
avion: aeroplane, plane
avocat: lawyer
avoir: to have
avoir chaud: to be hot
avoir des ennuis: to have trouble
avoir faim: to be hungry
avoir froid: to be cold
avoir perdu la raison: to be out of one's mind
avoir peur de: to be afraid of
avoir raison: to be right
avoir soif: to be thirsty
avoir tort: to be wrong
ayant l'air maladif: sickly-looking
aérobus: airbus
aéroport: airport

bagages: luggage
bailler: to yawn
bain: bath
balayer: to sweep
balle: ball
banane: banana
bas: stocking
battre: to beat
bavard: talkative
bavarder comme une pie: to talk nineteen to the dozen
beau: beautiful
beaucoup de: a lot of, much, plenty of
bébé: baby
bête, stupide: silly
beurre: butter
bibliothèque: library
bicyclette: bicycle
bien s'amuser: to have a good time
bière: beer
bifteck: steak
bigoudi: hair curler
bijou: jewel
biscuit: biscuit

bizarre, étrange: strange, weird
blague: joke
blagues, tout ça c'est des-!: you're kidding!
blanc: white
bleu: blue
boire: to drink
boîte: box
bon: good
bon marché: cheap
bonbons: sweets
bordeaux rouge: claret
borné, à l'esprit étroit: narrow-minded
bouche: mouth
boucle d'oreilles: earring
bouleversé, être-, se vexer: to get upset
bout, extrémité: end
bouteille: bottle
bouton: button
bras: arm
broche: brooch
broncher, ne pas-: to keep a stiff upper lip
brosser: to brush
bruit: noise
brûler: to burn
brûler le feu rouge: to jump the lights
brusquement: suddenly
bureau: office

ça alors, eh bien: well!
cabine téléphonique: phone box
cache-cache: hide and seek
cacher: to hide
cadeau: present
café: coffee
café, bistrot: pub
calmer: to calm
cambrioleur: burglar
camion: lorry
camping: camping site
canal: canal
canapé: sofa
cancer du poumon: lung cancer
carnet de chèques: cheque

book
carnivore: carniverous
carrousel: merry-go-round
carte postale: postcard
causer des ennuis: to make trouble
cave: cellar
cavité: cavity
ceci: this
célèbre: famous
certainement: certainly
cesser de, renoncer à: to give up
ceux-ci, ces: these
ceux-là, ces: those
chaise: chair
chambre: room
champagne: champagne
champignon: mushroom
chanceux, heureux: lucky
changer, se-: to change clothes
chantage, soumettre à un-: to blackmail
chanter: to sing
chapeau: hat
charmant, ravissant: lovely
chat: cat
château: castle
chauffeur de taxi: taxi-driver
chaussette: sock
chemise: shirt
cher: expensive
chercher: to look for, to look up
chéri: darling, dear
chèque: cheque
chien: dog
chimpanzé: chimpanzee
chocolat: chocolate
chocolat au lait: milk chocolate
chœur: choir
chose: thing
choux de Bruxelles: Brussels sprouts
ciel: sky
cigare: cigar
cigarette: cigarette
cinéma: cinema
cinq: five
ciseaux: scissors
clair et à haute voix: loud and clear
clair, clairement: clearly
clef: key
clignotant, à éclats: flashing
clôture: railings
clown: clown
collier: necklace
collision, entrer en-: to collide
coloré, de couleur: coloured
combat de taureaux: bull-fight
combien de fois (par semaine, etc.): how often?
combien y a-t-il d'ici à... ?: how far... ?
commander: to order
comme: like
comment allez-vous ?: how are you?
comparaison: comparison
complètement: completely
comportement: behaviour
comprendre: to understand
concours: contest
concours de beauté: beauty contest
concours de pêche: fishing contest
concurrent: contestant
conduire: to drive
conduire, mener: to lead
conduites d'eau: water mains
confiture de fraises: strawberry jam
confortable: comfortable
construire: to build
continuer: to go on
contredire: to contradict
contrôler: to check
côté à-: next to
couché, être-: to lie
coudre: to sew
coup de téléphone: phone call
couper: to cut
courage !: cheer up!
courage: courage
courant d'air: draught
couteau: knife
coûteux: expensive
craindre, être désolé: to be afraid
cravate: tie

crème glacée: ice-cream
crêpe: pancake
cricket: cricket
crier, pleurer: to cry
croire: to believe
cru: raw
cueillir: to pick
cuire: to bake, to cook
cuisine: kitchen
cuisinière: cooker
curieux: curious

d'abord: first
dancing: dance hall
dangereux: dangerous
dans, en: into, in
danse: dance
danser: to dance
danseuse (de ballet): ballet-dancer
de: from
débarrasser (la table): to clear
debout, être-, se trouver: to stand
décapotable: convertible
décider: to decide
décidément, précisément: definitely
décontractant: relaxing
déjeuner (petit): to have breakfast
déjeuner (à midi): to have lunch
délicieux: delicious
demander: to ask
demi-heure: half an hour
demi-tour: U turn
démonter: to take down
dénouer: to untie
dent: tooth
dentiste: dentist
dépasser: to exceed
dépêcher, se: to hurry, to hurry up
dépenser: to spend
depuis: ever since
déranger, tourmenter: to trouble
dernière: last
derrière: behind
descendre, sortir de: to get off

désespéré: desperate
désespéré, incorrigible, nul: hopeless
désolé: sorry
dessin animé: cartoon
détective: detective
détester: to detest
deux: two
devant: before
devenir: to become
devenir tout rouge: to get red in the face
diapositive couleur: colour slide
diarrhée: diarrhoea
dictionnaire: dictionary
difficulté: difficulty
différence: difference
différent: different
dimanche: Sunday
dîner: to have dinner
dire: to say, to tell
dire, à vrai-: actually
discours: speech
dispute, différend: dispute
disputer, se-: to quarrel
disque: record
distrait: absent-minded
dix: ten
doigt: finger
dommage: pity
donner: to give
donner, faire cadeau: to present
dormir: to sleep
dos: back
douane: customs
doubler: to overtake
douleur: pain
douzaine: dozen
dresser: to put up (a tent)
drive (golf): drive
drôle, comique: funny
drôle, étrange: strange

eau: water
échec et mat: checkmate
éclaircir, dissiper: to clear up
écouter: to listen to
écrire: to write
effrayer: to frighten

eh bien, ça alors: well
électrique: electric
éléphant: elephant
emboîter, faire concorder: fit in between
embrasser: to kiss
emmener, prendre: to take
employer: to use
empreinte digitale: fingerprint
emprunter: to borrow
en dehors de: outside
en vain, vainement: in vain
en vente: on sale
en, à, dans: in, into
encore, de nouveau: again
endroit: place
enfuir, s'-, filer: to run off
enfuir, s'-, se sauver: to run away
enjôler: to talk round
enlever, ôter: to take off
ennuyeux: boring
énormément: awfully, tremendously, extremely
enregistrer: to record
entendre: to hear
entêté: stubborn
entièrement nu: stark naked
entre: between
entrer en collision: to collide
environ: about
envoyer: to send
épeler: to spell
épicier: grocer
éplucher: to peel
épuisé: exhausted
erreur: mistake
escargot: snail
espace intersidéral: outer space
espagnol: Spanish
espion: spy
espérer: to hope
essayer: to try
essence: petrol
essuie-mains: towel
estomac: stomach
étonnamment: surprisingly
étrange, drôle: strange
être assis: to sit
être couché: to lie
être de retour: to be back
être en bonne santé: to be in good health
être habillé: to be dressed
être installé à: to stay
être intime avec: to be on intimate terms
étudier: to study
Europe: Europe
évanouir, s'-: to faint
évier: sink
examen: exam
examiner, étudier: to look into
excepté, sauf: except
exciter, taquiner: to tease
excuser, s': to apologize
excusez-moi: excuse me
exemple, par-!: well I never!
exercice: exercise
explication: explanation
expliquer: to explain
extraordinaire: extraordinary
extraterrestre: alien

facile: easy
faible, fragile: frail
faim, avoir-: to be hungry
faire: to do
faire attention, prendre garde: to watch out
faire de son mieux: to do one's best
faire des affaires: to do business
faire du stop: to hitch-hike
faire l'école buissonnière: to play truant
faire la cuisine: to do the cooking
faire la queue: to queue up
faire la sourde oreille à: to turn a deaf ear to
faire le ménage: to do the cleaning
faire les courses: to do the shopping
faire les lits: to make the beds
faire marche arrière: to reverse
faire penser à: to remind
faire son service militaire: to do one's military service

faire une faveur à quelqu'un : to do someone a favour
famille : family
fantôme : ghost
faune : wild-life
faute : mistake
fauteuil : armchair
faux, mauvais : wrong
féliciter, complimenter : to congratulate
femme, épouse : wife
femme-agent : policewoman
fenêtre : window
fermer : to shut
fermer, couper : to turn off
ferry-boat : ferryboat
filer : to slip away
fille : daughter, girl
finir : to end
fleur : flower
formidable : smashing
fort : strong
fouiller : to search
foule : crowd
framboise : raspberry
français : French
frapper : to knock
freiner : to brake
frigo : fridge
froid : cold
fromage : cheese
frère : brother
fumer : to smoke
fusible : fuse

gagner : to win
gagner de l'argent : to make money
gamin : kid
garder, tenir : to keep
garder fermé : to keep shut
gare : station
garer : to park
garçon : boy
gâteau : cake
genou : knee
gens : people
gin-tonic : gin and tonic
grand : large
grand et fort : big
grand verre, bon coup : long drink
grand, de haute taille : tall
grand-père : grandfather
gravir : to climb
grec : Greek
griffer : to scratch
grogner, rouspéter : to grumble
gros : fat
guêpe : wasp
guitare : guitar

habillé, être- : to be dressed
habitude : habit
hamburger : hamburger
hélicoptère : helicopter
heure : hour
heureux : glad, happy
heureux, chanceux : lucky
hibou : owl
hippie : hippy
histoire : story
homme : man
homme d'affaires : businessman
homme de ma vie : man of my dreams
homme politique : politician
homme, type : fellow
honnête : honest
hôtel : hotel
hôtesse de l'air : air-hostess
hourra : hurray
hovercraft : hovercraft
huile : oil
huit : eight
huître : oyster

ici : here
idée : idea
il y a : there is
imbécile, idiot : fool
immédiatement : immediately
incommode, peu maniable : awkward
incorrigible, nul, désespéré : hopeless
incroyablement : incredibly
ingénieur : engineer
insensible, impitoyable : hard-hearted
insister : to insist
intelligent : clever, intelligent

LEXIQUE FRANÇAIS/ANGLAIS

intention, avoir l'- de: to intend
intime: intimate
intéressant: interesting
invitation: invitation
inviter: to invite
italien: Italian

jamais: never
jambe: leg
jardin: garden
jardinage: gardening
jaune: yellow
je préférerais: I would rather
jeter: to throw
jeter un coup d'œil: to have a look
jeudi: Thursday
jeune: young
joli: nice, pretty
jonquille: daffodil
jouer: to play
jouer aux échecs: to play chess
joueur: player
journal: newspaper
juge: judge
juger: to judge

kangourou: kangaroo
kiwi: kiwi
klaxon: horn
klaxonner: to sound one's horn

là-bas: over there
lacet (de soulier): shoelace
laisser: to let
laitier: milkman
lancer des œillades: to make eyes at
lave-vaisselle: dishwasher
laver: to wash
le mien: mine
le problème, c'est...: the thing is...
le sien: hers, his
le tien: yours
léger: light
lentement: slowly
lentille de contact: contact lens
lettre: letter
lettre d'excuses: letter of apology

lèvre: lip
limitation de vitesse: speed limit
lire: to read
lit: bed
livre: book
livre (poids): pound
livret d'instruction: instruction booklet
lotion après rasage: after-shave lotion
lourd: heavy
lumière: light
lundi: Monday
lunettes: glasses
lunettes de soleil: sun-glasses

machine à laver: washing machine
madame: madam
magasin: shop
magasin diététique: health food shop
magnat: tycoon
magnifique, fameux: great
maintenant: now
maison: house
maison, petite-: cottage
mal aux dents: toothache
mal de tête: headache
maladif: sickly
maladresse: clumsiness
malentendu: misunderstanding
manger: to eat
manteau: coat
marcher: to step, to walk
marcher, s'avancer: to walk
mardi: Tuesday
marguerite: daisy
mari: husband
mariage: marriage
marier se-: to get married
matin: morning
mauvais: bad, wrong
médecin, docteur: doctor
melon, chapeau-: bowler hat
même: even
même pas: not even
mer: sea
merci: thank you

mercredi: Wednesday
merveilleux: wonderful
mettre: to lay
mettre (en marche): switch on
mettre dedans, rouler: to take in
mettre le réveil à...: set the alarm for...
meubles: furniture
mieux: better
million: million
millionnaire: millionaire
mine d'or: gold mine
minute: minute
moins, au-: at least
mois: month
mon Dieu!: good heavens!
mon, ma, mes: my
monde: world
montagne: mountain
montre: watch
montrer: to show
mordre: to bite
mot: word
motocyclette: motorbike
mots croisés: crossword puzzle
mouchoir: handkerchief
mourir d'envie de: to die for
mouton: mutton, sheep
mouvement, se donner du-: to get exercise
musique pop: pop music
musée: museum
myope: short-sighted

nager: to swim
narine: nostril
ne... pas non plus: not... either
ne pas broncher: to keep a stiff upper lip
nécessité: need
négliger de faire: to fail
négligent: careless
neiger: to snow
nerf: nerve
neuf, nouveau: (brand-)new
neuf: nine
neveu: nephew
nez: nose
ni l'un ni l'autre: neither
n'importe où, quelque part: anywhere
n'importe qui, quelqu'un: anybody
n'importe quoi: anything
nœud: knot
noir: black
nom: name
nourriture: food
nouveau: new
nouvelles: news
nu: naked
nu, entièrement-: stark naked
nuit: night
nulle part: nowhere

obstiné, têtu: hard-headed
occupé: busy
occuper, s'- de ses propres affaires: to mind one's own business
œil: eye
offrir, s'-: to treat oneself to
oignon: onion
oncle: uncle
ongle: fingernail
orange: orange
orangeade: orange squash
ordinateur: computer
ordonnance: prescription
oreille: ear
orteil: toe
ôter, enlever: to take off
ou: or
oublier: to forget
ouvrir: to open
ouvrir tout grand: to open wide
où: where

pain: bread
pâle: pale
pantalon: trousers
paquet, colis: parcel
par exemple!: well I never!
par la poste: by post
paraître: to look
parapluie: umbrella
pardonner: to forgive
pardonner, faire grâce: to let off

parents: parents
paresseux: lazy
parfois: sometimes
parfum: perfume
parking: car park
parler: to speak, to talk
parler à: to talk to
parler métier, parler affaires: to talk shop
participer à un concours: to enter a contest
particulièrement: particularly
partir, quitter: to leave
partir pour le travail: to set off for work
partout: everywhere
partout, sur toute la surface: all over
parvenir à: to reach
passage pour piétons: zebra crossing
passeport: passport
passer: to get through
passer, se-, arriver: to happen
passer (temps): to spend
passer des vacances: to have a holiday
passer un examen: to take an exam
passionnant, sensationnel: exciting
patiner: to skate
pauvre: poor
pays: country
peindre: to paint
peindre et tapisser: to redecorate
peine, à-: hardly
pelouse: lawn
pendule: clock
penser: to think
perdre: to lose
perdre son sang-froid: to lose one's nerve
père: father
Père Noël: Father Christmas
perfectionner: to perfect
permettre, admettre: to allow
permis de conduire: driving licence
personne: nobody

persuader, convaincre: to persuade
petit: little, short, small
petit kangourou: baby kangaroo
petits pois: peas
peu: little
peur, avoir- de: to be afraid of
photo: photograph
photographe: photographer
phrase: sentence
piano: piano
pied(s): foot (pl. feet)
pile ou face: heads or tails
pilote: pilot
pilule: pill
piéton: pedestrian
placard: cupboard
place, de la-: room
plaindre, se-: to complain (about)
planche à voile: surfing-board
plante: plant
planter: to plant
planète: planet
pleurer: to cry
pleuvoir: to rain
pluie: rain
plus de: more than
plus tard: later
poids: weight
poisson: fish
poisson frit servi avec des frites: fish and chips
poker: poker
poli: polite
policier: thriller (roman)
pomme: apple
pomme de terre: potato
pont: bridge
porte: door
porte d'entrée: front door
porter: to carry, to wear
portrait: picture
posséder: to own
poste, par la-: by post
pour: for
pour l'amour de Dieu: for God's sake
pour l'amour du ciel: for heaven's sake

pourquoi?: why?
premier: first
prendre: to take
prendre du poids: to gain weight
prendre le soleil: to sunbathe
prendre le thé: to have tea
prendre une douche: to have a shower
prendre une décision: to make a decision
prendre une leçon: to have a lesson
prendre, ramasser: to pick up
présenter: to introduce
présenter, se-, apparaître: to show up
prêter: to lend
principe: principle
privilège: privilege
prix (remporté): prize
probablement: probably
problème, le- c'est...: the thing is...
prochain, suivant: next
professeur: teacher
promener, se-: to walk about
promener, aller se-: to go for a walk
promesse: promise
promettre: to promise
protester: to protest
psychiatre: psychiatrist
publicité: publicity
puissant: powerful
puzzle: jigsaw puzzle

quart d'heure: quarter of an hour
quatre: four
quel âge?: how old?
quel sale tour!: how rotten!
quelque chose: something
quelque part: somewhere
quelques: a few
quereller, se-: to quarrel
question: question
queue: tail
quitter: to leave

raccrocher: to hang up, to put down
radio: radio
rafraîchir, se remettre à: to brush up
rapide: fast
rapporter, signaler: to report
rarement: rarely, seldom
raser, se-: to have a shave, to shave
rasoir: razor
rater: to miss
récepteur, écouteur: receiver
recevoir du monde: to have a party
reconnaissant: grateful
reconnaître: to recognize
refuser, décliner: to decline
regarder: to look, to look at
regarder (fixement): to stare (at)
reine: queen
relation: relationship
remarquablement: remarkably
remarque: remark
remettre à, se-, rafraîchir: to brush up
remplir: to fill up
remplir, plomber (une dent): to fill
rencontrer: to meet
rendez-vous: appointment
rendre, se- (en avion): to fly
rendre compte de, se-: to realize
rendre heureux: to make happy
rendre un service à qq.: to do someone a favour
rendre visite: to visit
rendre, renvoyer: to return
renoncer à: to give up
repasser: to iron
réparer: to mend
répondre: to answer
reposer, se-: to have a rest
reproduire, se-: to breed
requin: shark
ressembler: to take after
rester, demeurer: to stay
réunion: meeting
réussir: to succeed
réveil: alarm

réveil: alarm-clock
réveiller: to wake
revenir: to come back
revue: magazine
riche: rich, wealthy
ridicule: ridiculous
ridicule, stupide: silly
rien: nothing
rien, n'importe quoi: anything
rire: to laugh
rire de, se moquer de: to laugh at
robe: dress
rock: rock-and-roll
ronfler: to snore
rouge, devenir tout-: to get red in the face
rue: street
russe: Russian

sac: handbag
sac de couchage: sleeping bag
sacré: damned (dans un juron)
sale: dirty
salle de bain: bathroom
samedi: Saturday
sandwich: sandwich
sans: without
sans danger, sûr: safe
santé, être en bonne-: to be in good health
sarcastique, mordant: sarcastic
sauf, excepté: except
sauver: to save
sauver, se-, s'enfuir: to run away
savoir: to know
scélérat, bandit: villain
seau: pail
seconde: second
sel: salt
semaine: week
sensible, susceptible: sensitive
sensé, raisonnable: sensible
sentir, se-: to feel
sept: seven
sérieux: serious, severe
serre (pour les plantes): greenhouse

seulement: only
si: if, whether
si, tellement: so, such a
siffler: to whistle
signer: to sign
situation critique: emergency
six: six
skier: to ski
smoking: dinner-jacket
sœur: sister
soif, avoir-: to be thirsty
soigner, s'occuper de: to look after
soirée: evening
soirée, réunion: party
solliciter, postuler: to apply for
sommet: top
sonner: to ring
sonnette: bell
sortie: way out, exit
soucoupe volante: flying saucer
souffrir de: to suffer from
soulagement: relief
soulever: to lift
soulier: shoe
soumettre à un chantage, faire chanter: to blackmail
souper: to have supper
sourd: deaf
sourire: smile
sourire jusqu'aux deux oreilles: to smile from ear to ear
sous: under
sous-marin: submarine
souvenir de, se-: to remember
souvent: often
sportif: athletic
spécial: special
studio: studio
stupide, bête: silly
stylo à encre: fountain-pen
succès: success
sucre: sugar
suivre: to follow
supposer: suppose
sur: on
sûr, sans danger: safe
surprendre: to surprise
surprise: surprise
suspendre, condamner: to

suspend
symphonie: symphony
symptôme: symptom

tabac: tobacco
table: table
tango: tango
tant que...: as long as...
tante: aunt
tapis: carpet
tarte aux pommes: apple pie
tasse à thé: teacup
taxi: taxi
télégramme: telegram
téléphoner: to phone
témoignage, indication: token
tenir, garder: to keep
tenir une promesse: to keep a promise
tente: tent
terriblement: terribly
thé: tea
théâtre: theatre
tirer: to pull
tirer la chasse d'eau: to flush the lavatory
tirer, remonter: to pull up
tiroir: drawer
toilette: lavatory
tolérant: tolerant
tomber: to fall
ton, air: tone
ton, ta, tes, votre, vos: your
toucher: to touch
toucher, frapper: to hit
toujours: always
tour: tower
tour, révolution: revolution
touriste: tourist
tourmenter, déranger: to trouble
tournant: bend
tourne-disque: record-player
tourner à droite: to turn right
tourner à gauche: to turn left
tourner autour du pot: to beat about the bush
tout: everything
tout au moins: at least
tout le monde: everybody
tracasser, se-: to worry (about)

tranchant, aigu, brusque: sharp
trancher, arranger: to settle
tranquille, silencieux: quiet
travail: job, work
traverser, passer: to cross
tremblement de terre: earthquake
triste: sad
trois: three
tromper: to cheat
trop: too
trottoir: pavement
trou: hole
trouver, se-, être debout: to stand
très: very
très facile: dead easy
tuer: to kill
tulipe: tulip
type: chap, fellow
type, genre: type

un: one
un tas de: many, plenty of
un, une: a, an
urgent: urgent

vainement, en vain: in vain
vaisselle: dishes
valise: suitcase
valse: waltz
vanter (de), se-: to boast
vedette: film star
vendre: to sell
vendredi: Friday
venir: to come
vente, en-: on sale
verre: glass
vérité: truth
verre, grand-: long drink
vert: green
vertiges: dizziness
vêtements: clothes
vétérinaire: veterinary
vexer, se-, être bouleversé: to get upset
viande: meat
vie: life
viens donc!: come on!
vieux: old

ville : town
vin : wine
violent : severe
violon : violin
visage : face
visage qui ne trahit aucune émotion : poker face
vite, rapidement : fast, quick
voici !, voilà ! : here you are
voir : to see
voiture : car
voiture de course : racing car
voiture de police : police car
voix, à haute- : loudly
voler : to steal
voleur : thief

vouloir : want
vouloir dire : to mean
vous me faites rire ! : nonsense !
vrai : real, true
vraiment : really

week-end : weekend
western : western
whisky : whisky, scotch

yacht : yacht

zéro : zero
zut : damn

Lexique anglais/français

a [ə] : un, une
a lot of [ə 'lɒt əv] : beaucoup de
about [ə'baʊt] : environ
absent-minded ['æbsənt'maɪn-dɪd] : distrait
absolutely ['æbsəluːtlɪ] : absolument
accept [ək'sept] : accepter
accident ['æksɪdənt] : accident
actor ['æktə] : acteur
actually ['æktʃʊlɪ] : à vrai dire
address [ə'dres] : adresse
admire [əd'maɪə] : admirer
aeroplane ['ɛərəpleɪn] : avion
after ['ɑːftə] : après
after-shave lotion ['ɑːftəʃeɪv 'ləʊʃn] : lotion après rasage
afternoon ['ɑːftə'nuːn] : après-midi
again [ə'gen] : de nouveau, encore
air-hostess ['ɛə həʊstɪs] : hôtesse de l'air
airbus ['ɛəbʌs] : aérobus
airport ['ɛəpɔːt] : aéroport
alarm [ə'lɑːm] : réveil
alarm-clock [ə'lɑːm'klɒk] : réveil
alcohol ['ælkəhɒl] : alcool
alien ['eɪljən] : extraterrestre
all [ɔːl] : tout à fait
all over ['ɔːl 'əʊvə] : partout, sur toute la surface
allow [ə'laʊ] : permettre, admettre
also ['ɔːlsəʊ] : aussi
always ['ɔːlwəz] : toujours
ambulance ['æmbjʊləns] : ambulance
American [ə'merɪkən] : américain
an [ən] : un, une
answer ['ɑːnsə] : répondre
anybody ['enɪbɒdɪ] : n'importe qui, quelqu'un
anything ['enɪθɪŋ] : n'importe quoi

anywhere ['enɪweə] : n'importe où, quelque part
apologize [ə'pɒlədʒaɪz] : s'excuser
appearance [ə'pɪərəns] : apparence, aspect
apple ['æpl] : pomme
apple pie ['æpl 'paɪ] : tarte aux pommes
apply for [ə'plaɪ fə] : solliciter, postuler
appointement [ə'pɔɪntmənt] : rendez-vous
appreciate [ə'priːʃɪeɪt] : apprécier
arm [ɑːm] : bras
armchair ['ɑːm'tʃɛə] : fauteuil
arrive [ə'raɪv] : arriver
as ... as [əz əz] : aussi ... que
as long as ... [əz 'lɒŋ əz] : tant que ...
ask ['ɑːsk] : demander
aspirin ['æspərɪn] : aspirine
assure [ə'ʃʊə] : assurer
astronaut ['æstrənɔːt] : astronaute
at least [ət 'liːst] : (tout) au moins
athlete ['æθliːt] : athlète
athletic [æθ'letɪk] : sportif
attend [ə'tend] : assister à
attention [ə'tenʃən] : attention
attract [ə'trækt] : attirer
attractive [ə'træktɪv] : attrayant
aunt [ɑːnt] : tante
autograph ['ɔːtəgrɑːf] : autographe
awfully ['ɔːflɪ] : énormément
awkward ['ɔːkwəd] : incommode, peu maniable
baby ['beɪbɪ] : bébé
baby kangaroo ['beɪbɪ kæŋgə'ruː] : petit kangourou
back ['bæk] : dos
bad ['bæd] : mauvais
bake ['beɪk] : cuire

ball ['bɔːl] : balle
ballet-dancer ['bælɪdɑːnsə] : danseur(se) (de ballet)
banana [bəˈnɑːnə] : banane
bath ['bɑːθ] : bain
bathroom ['bɑːθrʊm] : salle de bain
be afraid [bɪ əˈfreɪd] : craindre, être désolé
be afraid of [bɪ əˈfreɪd əv] : avoir peur de
be back [bɪ ˈbæk] : être de retour
be cold [bɪ ˈkəʊld] : avoir froid
be dressed [bɪ ˈdrest] : être habillé
be hot [bɪ ˈhɒt] : avoir chaud
be hungry [bɪ ˈhʌŋgri] : avoir faim
be in good health [bɪ ɪn ˈgʊd ˈhelθ] : être en bonne santé
be on intimate terms [bɪ ɒn ˈɪntɪmɪt ˈtɜːmz] : être intime
be out of one's mind [bɪ aʊt əv wʌnz ˈmaɪnd] : avoir perdu la raison
be right [bɪ ˈraɪt] : avoir raison
be thirsty [bɪ ˈθɜːstɪ] : avoir soif
be wrong [bɪ ˈrɒŋ] : avoir tort
beat ['biːt] : battre
beat about the bush ['biːt əˈbaʊt ðə ˈbʊʃ] : tourner autour du pot
beautiful ['bjuːtəfʊl] : beau
beauty contest ['bjuːtɪ ˈkɒntest] : concours de beauté
become [bɪˈkʌm] : devenir
bed ['bed] : lit
beer ['bɪə] : de la bière
before [bɪˈfɔː] : devant
behaviour [bɪˈheɪvjə] : comportement
behind [bɪˈhaɪnd] : derrière
believe [bɪˈliːv] : croire
bell ['bel] : sonnette
bend ['bend] : tournant
better ['betə] : mieux
between [bɪˈtwiːn] : entre
bicycle ['baɪsɪkl] : bicyclette
big ['bɪg] : grand et fort
birthday ['bɜːθdeɪ] : anniversaire
biscuit ['bɪskɪt] : biscuit
bite ['baɪt] : (se) mordre

black ['blæk] : noir
blackmail ['blækmeɪl] : soumettre à un chantage, faire chanter
blue ['bluː] : bleu
boast ['bəʊst] : se vanter (de)
book ['bʊk] : livre
boring ['bɔːrɪŋ] : ennuyeux
borrow ['bɒrəʊ] : emprunter
bother ['bɒðə] : déranger, tourmenter
bottle ['bɒtl] : bouteille
bowler hat ['bəʊlə ˈhæt] : chapeau melon
box ['bɒks] : boîte
boy ['bɔɪ] : garçon
boy-friend ['bɔɪfrend] : petit ami
brake ['breɪk] : freiner
brand-new ['brændˈnjuː] : neuf
bread ['bred] : du pain
breed ['briːd] : se reproduire
bridge ['brɪdʒ] : pont
brooch ['brəʊtʃ] : broche
brother ['brʌðə] : frère
brush ['brʌʃ] : brosser
brush up ['brʌʃ ˈʌp] : se remettre à, rafraîchir
Brussels sprouts ['brʌslz ˈspraʊts] : choux de Bruxelles
build ['bɪld] : construire
built-up area ['bɪlt ʌp ˈɛərɪə] : agglomération
bull-fight ['bʊlfaɪt] : combat de taureaux, corrida
burglar ['bɜːglə] : cambrioleur
burn ['bɜːn] : brûler
bus stop ['bʌs stɒp] : arrêt d'autobus
businessman ['bɪznɪsmən] : homme d'affaires
busy ['bɪzɪ] : occupé
butter ['bʌtə] : du beurre
button ['bʌtn] : bouton
buy ['baɪ] : acheter
by post [baɪ ˈpəʊst] : par la poste
cake ['keɪk] : gâteau
call ['kɔːl] : appeler
calm ['kɑːm] : calmer
camping site ['kæmpɪŋ ˈsaɪt] : camping
canal [kəˈnæl] : canal

car ['kɑː]: voiture
car park ['kɑːpɑːk]: parking
careful ['kɛəfʊl]: attentif, prudent
careless ['kɛəlıs]: négligent
carniverous [kɑː'nıvərəs]: carnivore
carpet ['kɑːpıt]: tapis
carry ['kærı]: porter
cartoon [kɑː'tuːn]: dessin animé
castle ['kɑːsl]: château
cat ['kæt]: chat
catch ['kætʃ]: attraper
cavity [kævıtı]: cavité
cellar ['selə]: cave
certainly ['səːtnlı]: certainement
chair ['tʃeə]: chaise
champagne [ʃæm'peın]: champagne
change clothes ['tʃeındʒ 'kləʊðz]: se changer
chap ['tʃæp]: type
cheap ['tʃiːp]: bon marché
cheat ['tʃiːt]: tromper, tricher
check ['tʃek]: contrôler
checkmate ['tʃek'meıt]: échec et mat
cheer up! ['tʃıərʌp]: courage !
cheese ['tʃiːz]: fromage
cheque ['tʃek]: chèque
cheque book ['tʃek bʊk]: carnet de chèques
chimpanzee [tʃımpən'ziː]: chimpanzé
chocolate ['tʃɔklıt]: du chocolat
choir ['kwaıə]: chœur
cigar ['sıgɑː]: cigare
cigarette [sıgə'ret]: cigarette
cinema ['sınəmə]: cinéma
claret ['klærət]: bordeaux rouge
clear ['klıə]: débarrasser (la table)
clear up ['klıərʌp]: éclaircir, dissiper
clearly [klıəlı]: clair, clairement
clever ['klevə]: intelligent
climb ['klaım]: gravir
clock ['klɔk]: pendule
clothes ['kləʊðz]: vêtements
clown ['klaʊn]: clown
clumsiness ['klʌmzınıs]: maladresse

coat ['kəʊt]: manteau
coffee ['kɔfı]: du café
cold ['kəʊld]: froid
collide [kə'laıd]: entrer en collision
colour slide ['kʌlə 'slaıd]: diapositive couleur
coloured ['kʌləd]: coloré, de couleur
come ['kʌm]: venir
come back ['kʌm 'bæk]: revenir
come on! ['kʌm 'ɔn]: viens donc !
comfortable ['kʌmfətəbl]: confortable
comparison [kəm'pærısn]: comparaison
complain (about) [kəm'pleın]: se plaindre (de)
completely [kəm'pliːtlı]: complètement
computer [kəm'pjuːtə]: ordinateur
congratulate [kən'grætjʊleıt]: féliciter, complimenter
contact lens ['kɔntækt lenz]: lentille de contact
contest ['kɔntest]: concours
contestant [kən'testənt]: concurrent
contradict [kɔntrə'dıkt]: contredire
convertible [kən'vəːtəbl]: décapotable
cook [kʊk]: cuire
cooker ['kʊkə]: cuisinière
cottage ['kɔtıdʒ]: petite maison
country ['kʌntrı]: pays
courage ['kʌrıdʒ]: du courage
cricket ['krıkıt]: cricket
cross ['krɔs]: traverser, passer
crossword puzzle ['krɔswəːd 'pʌzl]: mots croisés
crowd ['kraʊd]: foule
cry ['kraı]: crier, pleurer
cupboard ['kʌbəd]: placard
curious ['kjʊərıəs]: curieux
customs ['kʌstəmz]: douane
cut ['kʌt]: couper
daffodil ['dæfədıl]: jonquille

daisy ['deɪzɪ] : marguerite
damn ['dæm] : zut
damned ['dæmd] : sacré
dance ['dɑːns] : danse
dance [dɑːns] : danser
dance hall ['dɑːnshɔːl] : dancing
dangerous ['deɪndʒrəs] : dangereux
darling ['dɑːlɪŋ] : chéri
daughter ['dɔːtə] : fille
day after tomorrow ['deɪ ɑːftə tə'mɔrəʊ] : après-demain
day before yesterday ['deɪ bɪ'fɔː 'jestədɪ] : avant-hier
dead easy ['ded 'iːzɪ] : très facile
deaf ['def] : sourd
dear ['dɪə] : cher, chéri
decide [dɪ'saɪd] : décider
decline [dɪ'klaɪn] : refuser, décliner
definitely ['defɪnɪtlɪ] : décidément, précisément
delicious [dɪ'lɪʃəs] : délicieux
dentist ['dentɪst] : dentiste
desperate ['despərɪt] : désespéré
detective [dɪ'tektɪv] : détective
detest [dɪ'test] : détester
diarrhoea [daɪə'rɪə] : diarrhée
dictionary ['dɪkʃənrɪ] : dictionnaire
die for ['daɪ fə] : mourir d'envie de
difference ['dɪfrəns] : différence
different ['dɪfrənt] : différent
difficulty ['dɪfɪkəltɪ] : difficulté
dinner-jacket ['dɪnədʒækɪt] : smoking
dirty ['dɜːtɪ] : sale
dishes ['dɪʃɪz] : vaisselle
dishwasher ['dɪʃwɔʃə] : lave-vaisselle
dispute [dɪs'pjuːt] : dispute, différend
dizziness ['dɪzɪnɪs] : vertiges
do ['duː] : faire
do business ['duː 'bɪznɪs] : faire des affaires
do one's best ['duː 'wʌnz 'best] : faire de son mieux
do one's military service ['duː wʌnz 'mɪlɪtərɪ 'sɜːvɪs] : faire son service militaire
do someone a favour ['duː 'sʌmwʌn ə 'feɪvə] : faire une faveur à quelqu'un
do the cleaning ['duː ðə 'kliːnɪŋ] : faire le ménage
do the cooking ['duː ðə 'kʊkɪŋ] : faire la cuisine
do the shopping ['duː ðə 'ʃɔpɪŋ] : faire les courses
doctor ['dɔktə] : médecin, docteur
dog ['dɔg] : chien
door ['dɔː] : porte
double-decker ['dʌbl 'dekə] : autobus à impériale
doze off ['dəʊz ɔf] : s'assoupir
dozen ['dʌzn] : douzaine
draught ['drɑːft] : courant d'air
drawer ['drɔːə] : tiroir
dress ['dres] : robe
drink ['drɪŋk] : boire
drive ['draɪv] : drive (golf)
drive ['draɪv] : conduire
driving licence ['draɪvɪŋ 'laɪsəns] : permis de conduire
ear ['ɪə] : oreille
earring ['ɪərɪŋ] : boucle d'oreilles
earthquake ['ɜːθkweɪk] : tremblement de terre
easy ['iːzɪ] : facile
eat ['iːt] : manger
eight ['eɪt] : huit
electric [ɪ'lektrɪk] : électrique
elephant ['elɪfənt] : éléphant
embassy ['embəsɪ] : ambassade
emergency [ɪ'mɜːdʒənsɪ] : situation critique
end ['end] : bout, extrémité
end ['end] : finir
engineer [endʒɪ'nɪə] : ingénieur
English ['ɪŋglɪʃ] : anglais
enjoy oneself [ɪn'dʒɔɪ wʌn'self] : s'amuser
enough [ɪ'nʌf] : assez
enter a contest ['entərə'kɔntest] : participer à un concours
Europe ['jʊərəp] : Europe

LEXIQUE ANGLAIS/FRANÇAIS . 215

even [ˈiːvən] : même
evening [ˈiːvnɪŋ] : soirée
ever since [ˈevə sɪns] : depuis
everybody [ˈevrɪbɔdɪ] : tout le monde
everything [ˈevrɪθɪŋ] : tout
everywhere [ˈevrɪweə] : partout
exam [ɪgˈzæm] : examen
exceed [ɪkˈsiːd] : dépasser
except [ɪkˈsept] : excepté, sauf
exciting [ɪkˈsaɪtɪŋ] : passionnant, sensationnel
excuse me [ɪksˈkjuːz miː] : excusez-moi
exercise [ˈeksəsaɪz] : exercice
exhausted [ɪgˈzɔːstɪd] : épuisé
expect [ɪksˈpekt] : attendre
expensive [ɪksˈpensɪv] : coûteux
explain [ɪksˈpleɪn] : expliquer
explanation [ekspləˈneɪʃn] : explication
extraordinary [ɪksˈtrɔːdnrɪ] : extraordinaire
eye [ˈaɪ] : œil
face [ˈfeɪs] : visage
fail [ˈfeɪl] : négliger de faire
faint [ˈfeɪnt] : s'évanouir
fall [ˈfɔːl] : tomber malade
family [ˈfæmɪlɪ] : famille
famous [ˈfeɪməs] : célèbre
fast [ˈfɑːst] : vite, rapide(ment)
fat [ˈfæt] : gros
father [ˈfɑːðə] : père
Father Christmas [ˈfɑːðə ˈkrɪsməs] : Père Noël
feel [ˈfiːl] : se sentir
fellow [ˈfeləʊ] : homme, type
ferryboat [ˈferɪbəʊt] : ferry-boat
fetch [ˈfetʃ] : aller chercher
few [ˈfjuː] : quelques
fill [ˈfɪl] : remplir, plomber
fill up [ˈfɪl ʌp] : remplir
film star [ˈfɪlm stɑː] : vedette
finger [ˈfɪŋgə] : doigt
fingernail [ˈfɪŋgəneɪl] : ongle
fingerprint [ˈfɪŋgəprɪnt] : empreinte digitale
first [ˈfɜːst] : premier
first [ˈfɜːst] : d'abord
fish [ˈfɪʃ] : poisson
fish and chips [ˈfɪʃ ən ˈtʃɪps] : poisson frit servi avec des frites
fishing contest [ˈfɪʃɪŋ ˈkɔntest] : concours de pêche
fit in between [ˈfɪt ɪn bɪˈtwiːn] : emboîter, faire concorder entre deux...
five [ˈfaɪv] : cinq
flashing [ˈflæʃɪŋ] : clignotant, à éclats
flower [ˈflaʊə] : fleur
flush the lavatory [ˈflʌʃ ðə ˈlævətrɪ] : tirer la chasse d'eau
fly [ˈflaɪ] : se rendre en avion
flying saucer [ˈflaɪɪŋ ˈsɔːsə] : soucoupe volante
follow [ˈfɔləʊ] : suivre
food [ˈfuːd] : nourriture
fool [ˈfuːl] : imbécile, idiot
foot, feet [fʊt / fiːt] : pied(s)
for [fɔː] [fə] : pour
for God's sake [fə ˈgɔdzˈseɪk] : pour l'amour de Dieu
for heaven's sake [fə ˈhevnzˈseɪk] : pour l'amour du ciel
forget [fəˈget] : oublier
forgive [fəˈgɪv] : pardonner
fountain-pen [ˈfaʊntɪnpen] : stylo à encre
four [ˈfɔː] : quatre
frail [ˈfreɪl] : faible, fragile
French [ˈfrentʃ] : français
Friday [ˈfraɪdɪ] : vendredi
fridge [ˈfrɪdʒ] : frigo
friend [ˈfrend] : ami
friendly [ˈfrendlɪ] : amical
friendship [ˈfrendʃɪp] : amitié
frighten [ˈfraɪtn] : effrayer
from [frɔm] [frəm] : de
front door [frʌnt ˈdɔː] : porte d'entrée
funny [ˈfʌnɪ] : drôle, comique
furniture [ˈfɜːnɪtʃə] : meubles
fuse [ˈfjuːz] : fusible
gain weight [ˈgeɪn ˈweɪt] : prendre du poids
garden [ˈgɑːdn] : jardin
gardening [ˈgɑːdnɪŋ] : jardinage
get [ˈget] : aller, se rendre à
get exercise [ˈget ˈeksəsaɪz] : se donner du mouvement

get married ['get 'mærɪd] : se marier

get off ['get ɔf] : descendre, sortir de

get red in the face ['get 'redɪnðə 'feɪs] : devenir tout rouge

get through ['get 'θruː] : passer

get upset ['get ʌp'set] : se vexer, être bouleversé

ghost ['gəʊst] : fantôme

gin and tonic ['dʒɪn ən 'tɔnɪk] : gin-tonic

girl [gəːl] : fille

give ['gɪv] : donner

give up ['gɪvʌp] : cesser de, renoncer à

glad ['glæd] : heureux

glasses ['glɑːsɪz] : lunettes

go and get ['gəʊ ən 'get] : aller chercher

go for a walk ['gəʊ fər ə 'wɔːk] : (aller) se promener

go on ['gəʊ ɔn] : continuer

go on a diet ['gəʊ ɔn 'daɪət] : se mettre au régime

gold mine ['gəʊld maɪn] : mine d'or

good ['gʊd] : bon

good heavens ['gʊd 'hevnz] : mon Dieu !

grandfather ['grændfɑːðə] : grand-père

grateful ['greɪtfʊl] : reconnaissant

great ['greɪt] : magnifique, fameux

Greek ['griːk] : grec

green ['griːn] : vert

greenhouse ['griːnhaʊs] : serre (pour les plantes)

grocer ['grəʊsə] : épicier

grumble ['grʌmbl] : grogner, rouspéter

guitar [gɪ'tɑː] : guitare

habit ['hæbɪt] : habitude

hair curler ['heə kəːlə] : bigoudi

half an hour ['hɑːf ən 'aʊə] : demi-heure

hamburger ['hæmbəːgə] : hamburger

handbag ['hændbæg] : sac

handkerchief ['hæŋkətʃɪf] : mouchoir

hang up ['hæŋ ʌp] : raccrocher

happen ['hæpn] : se passer, arriver

happy ['hæpɪ] : heureux

hard-headed ['hɑːd 'hedɪd] : obstiné, têtu

hard-hearted ['hɑːd 'hɑːtɪd] : insensible, impitoyable

hardly ['hɑːdlɪ] : à peine

hat ['hæt] : chapeau

have ['hæv] : avoir

have a good time ['hæv ə 'gʊd 'taɪm] : bien s'amuser

have a holiday ['hæv ə 'hɔlɪdeɪ] : passer des vacances

have a lesson ['hæv ə 'lesn] : prendre une leçon

have a look ['hæv ə 'lʊk] : jeter un coup d'œil

have a party ['hæv ə 'pɑːtɪ] : recevoir du monde

have a rest ['hæv ə 'rest] : se reposer

have a shave ['hæv ə 'ʃeɪv] : se raser

have a shower ['hæv ə 'ʃaʊə] : prendre une douche

have breakfast ['hæv 'brekfəst] : déjeuner, prendre le petit déjeuner

have dinner ['hæv 'dɪnə] : dîner

have lunch ['hæv 'lʌntʃ] : déjeuner (à midi)

have supper ['hæv 'sʌpə] : souper

have tea ['hæv 'tiː] : prendre le thé

have trouble ['hæv 'trʌbl] : avoir des ennuis

headache ['hedeɪk] : mal de tête

heads or tails ['hedz ə 'teɪlz] : pile ou face

health food shop ['helθ 'fuːd 'ʃɔp] : magasin diététique

hear ['hɪə] : entendre

heavy ['hevɪ] : lourd

helicopter ['helɪkɔptə] : hélicoptère

help ['help] : de l'aide

help ['help] : aider
her ['hɜː] [hə] : la, l', lui, elle
here ['hɪə] : ici
here you are ['hɪəjʊɑː] : voici ! voilà !
hers ['hɜːz] : le sien, la sienne
hide ['haɪd] : cacher
hide and seek ['haɪd ən 'siːk] : cache-cache
hippy ['hɪpɪ] : hippie
his ['hɪs] : le sien, la sienne
hit ['hɪt] : toucher, frapper
hitch-hike ['hɪtʃhaɪk] : faire du stop
hole ['həʊl] : trou
honest ['ɒnɪst] : honnête
hope ['həʊp] : espérer
hopeless ['həʊplɪs] : désespéré, incorrigible, nul
horn ['hɔːn] : klaxon
hot dog ['hɒtdɒg] : petit pain fourré d'une saucisse chaude
hotel [həʊ'tel] : hôtel
hour ['aʊə] : heure
house ['haʊs] : maison
hovercraft [hɒvə'krɑːft] : hovercraft
how are you ? ['haʊɑːjuː] : comment allez-vous ?
how far... ? ['haʊ 'fɑː] : combien y a-t-il d'ici à... ?
how often ? ['haʊ 'ɔːfn] : combien de fois (par semaine, etc.) ?
how old ['haʊ 'əʊld] : quel âge
how rotten ! ['haʊ 'rɒtn] : quel sale tour !
hurray [hʊ'reɪ] : hourra
hurry ['hʌrɪ] : se dépêcher
hurry up ['hʌrɪʌp] : dépêche-toi
husband ['hʌzbənd] : mari
I would rather [aɪwʊd 'rɑːðə] : je préférerais
ice-cream ['aɪs'kriːm] : crème glacée
idea [aɪ'dɪə] : idée
if ['ɪf] : si
immediately [ɪ'miːdjətlɪ] : immédiatement
in [ɪn] : en, à, dans
in vain [ɪn 'veɪn] : en vain, vainement
incredibly [ɪn'kredɪblɪ] : incroyablement
insist [ɪn'sɪst] : insister
instruction booklet [ɪn'strʌkʃn 'bʊklɪt] : livret d'instructions
insurance [ɪn'ʃʊərəns] : assurance
intelligent [ɪn'telɪdʒənt] : intelligent
intend [ɪn'tend] : avoir l'intention de
interesting ['ɪntrɪstɪŋ] : intéressant
intimate ['ɪntɪmɪt] : intime
into ['ɪntʊ] : dans, en
introduce [ɪntrə'djuːs] : présenter
invitation [ɪnvɪ'teɪʃn] : invitation
invite [ɪn'vaɪt] : inviter
iron ['aɪən] : repasser
Italian [ɪ'tæljən] : italien
jewel ['dʒuːəl] : bijou
jigsaw puzzle ['dʒɪgsɔː 'pʌzl] : puzzle
job ['dʒɒb] : travail
joke ['dʒəʊk] : blague
judge ['dʒʌdʒ] : juger
judge ['dʒʌdʒ] : juge
jump the lights ['dʒʌmpðə 'laɪts] : brûler le feu rouge
kangaroo [kæŋgə'ruː] : kangourou
keep ['kiːp] : garder, tenir
keep a promise ['kiːp ə 'prɒmɪs] : tenir une promesse
keep a stiff upper lip ['kiːp ə 'stɪf ʌpə 'lɪp] : ne pas broncher
keep shut ['kiːp 'ʃʌt] : garder fermé
key ['kiː] : clef
kid ['kɪd] : gamin
kill ['kɪl] : tuer
kiss ['kɪs] : embrasser
kitchen ['kɪtʃɪn] : cuisine
kiwi ['kiːwɪ] : kiwi
knee ['niː] : genou
knife ['naɪf] : couteau
knock ['nɒk] : frapper
knot ['nɒt] : nœud
know ['nəʊ] : savoir

LEXIQUE ANGLAIS/FRANÇAIS

large ['lɑːdʒ] : grand
last ['lɑːst] : dernier, dernière
later ['leɪtə] : plus tard
laugh ['lɑːf] : rire
laugh at ['lɑːf ət] : rire de, se moquer de
lavatory ['lævətrɪ] : toilette
lawn ['lɔːn] : pelouse
lawyer ['lɔɪə] : avocat
lay ['leɪ] : mettre
lazy ['leɪzɪ] : paresseux
lead ['liːd] : conduire, mener
learn ['lɜːn] : apprendre
leave ['liːv] : quitter
leg ['leg] : jambe
lend ['lend] : prêter
let ['let] : laisser
let off ['letɔf] : pardonner, faire grâce
letter ['letə] : lettre
letter of apology ['letər əv ə'pɒlədʒɪ] : lettre d'excuses
library ['laɪbrərɪ] : bibliothèque
lie ['laɪ] : être couché
life ['laɪf] : vie
lift ['lɪft] : soulever
light ['laɪt] : lumière
light ['laɪt] : léger
like ['laɪk] : aimer
like ['laɪk] : comme
lip ['lɪp] : lèvre
listen ['lɪsn] : écouter
listen to ['lɪsn tʊ] : écouter
little ['lɪtl] : petit
little ['lɪtl] : peu
long drink ['lɒŋ 'drɪŋk] : grand verre, bon coup
look ['lʊk] : regarder
look ['lʊk] : avoir l'air, paraître
look after ['lʊk 'ɑːftə] : soigner, s'occuper de
look at ['lʊk ət] : regarder
look for ['lʊk fə] : chercher
look into ['lʊk 'ɪntʊ] : examiner, étudier
look like ['lʊk laɪk] : avoir l'air de
look up ['lʊk ʌp] : chercher
lorry ['lɒrɪ] : camion
lose ['luːz] : perdre
lose one's nerve ['luːz wʌnz 'nɜːv] : perdre son sang-froid

loud and clear ['laʊd ən 'klɪə] : clair et à haute voix
loudly ['laʊdlɪ] : à haute voix
love ['lʌv] : aimer
lovely ['lʌvlɪ] : charmant, ravissant
lucky ['lʌkɪ] : heureux, chanceux
luggage ['lʌgɪdʒ] : bagages
lung cancer ['lʌŋ 'kænsə] : cancer du poumon
madam ['mædəm] : madame
magazine [mægə'ziːn] : revue
make a decision ['meɪk ə dɪ'sɪʒən] : prendre une décision
make eyes at ['meɪk 'aɪz ət] : lancer des œillades
make happy ['meɪk 'hæpɪ] : rendre heureux
make money ['meɪk 'mʌnɪ] : gagner de l'argent
make the beds ['meɪk ðə 'bedz] : faire les lits
make trouble ['meɪk 'trʌbl] : causer des ennuis
man ['mæn] : homme
man of my dreams ['mæn əv maɪ driːmz] : homme de mes rêves
many ['menɪ] : un tas de
marriage ['mærɪdʒ] : mariage
match ['mætʃ] : allumette
matter ['mætə] : affaire, chose
mean ['miːn] : vouloir dire
meat ['miːt] : viande
meet ['miːt] : rencontrer
meeting ['miːtɪŋ] : réunion
mend ['mend] : réparer
merry-go-round ['merɪgəʊraʊnd] : carrousel
milk chocolate ['mɪlk tʃɒklɪt] : chocolat au lait
milkman ['mɪlkmən] : laitier
million ['mɪljən] : million
millionaire [mɪljə'neə] : millionnaire
mind one's own business ['maɪnd wʌnz 'əʊn 'bɪznɪs] : s'occuper de ses propres affaires
mine ['maɪn] : le mien, la mienne
minute ['mɪnɪt] : minute

miss ['mɪs] : rater
mistake [mɪs'teɪk] : faute
misunderstanding
['mɪsʌndə'stændɪŋ] : malentendu
Monday ['mʌndɪ] : lundi
money ['mʌnɪ] : de l'argent
month ['mʌnθ] : mois
more than ['mɔː ðən] : plus de
morning ['mɔːnɪŋ] : matin
motorbike ['məutə'baɪk] : motocyclette
motorway ['məutəweɪ] : autoroute
mountain ['mauntɪn] : montagne
mouth ['mauθ] : bouche
much ['mʌtʃ] : beaucoup de
museum [mjuː'zɪəm] : musée
mushroom ['mʌʃrum] : champignon
mutton ['mʌtn] : mouton (viande)
my ['maɪ] : mon, ma, mes
name ['neɪm] : nom
narrow-minded ['nærəu'maɪndɪd] : borné, à l'esprit étroit
necklace ['neklɪs] : collier
need ['niːd] : nécessité
neither ['naɪðə] : ni l'un ni l'autre
nephew ['nevju] : neveu
nerve ['nəːv] : nerf
never ['nevə] : jamais
new ['njuː] : nouveau
news ['njuːz] : nouvelles
newspaper ['njuːspeɪpə] : journal
next ['nekst] : prochain, suivant
next to ['nekst tə] : à côté de
nice ['naɪs] : joli
night ['naɪt] : nuit
nine ['naɪn] : neuf
nobody ['nəubədɪ] : personne
noise [nɔɪz] : bruit
nonsense! ['nɔnsəns] : vous me faites rire !
nose ['nəuz] : nez
nostril ['nɔstrɪl] : narine
not ... either [nɔt aɪðə] : ne ... pas non plus
not even [nɔt iːvn] : même pas
nothing ['nʌθɪŋ] : rien

now ['nau] : maintenant
nowhere ['nəuweə] : nulle part
office ['ɔfɪs] : bureau
often ['ɔːfn] : souvent
oil ['ɔɪl] : huile
old ['əuld] : vieux
on [ɔn] : sur
on sale [ɔn 'seɪl] : en vente
one ['wʌn] : un
onion ['ʌnjən] : oignon
only ['əunlɪ] : seulement
open ['əupn] : ouvrir
open wide ['əupn 'waɪd] : ouvrir tout grand
or [ɔː] [ə] : ou
orange ['ɔrɪndʒ] : orange
orange squash ['ɔrɪndʒ 'skwɔʃ] : orangeade
order ['ɔːdə] : commander
other ['ʌðə] : autre
outer space ['autə 'speɪs] : l'espace intersidéral
outside ['aut'saɪd] : en dehors de
over there ['əuvə 'ðeə] : là-bas
overtake [əuvə'teɪk] : doubler
owl ['aul] : hibou
own ['əun] : posséder
oyster ['ɔɪstə] : huître
pail ['peɪl] : seau
pain ['peɪn] : douleur
paint ['peɪnt] : peindre
pale ['peɪl] : pâle
pancake ['pænkeɪk] : crêpe
parcel ['pɑːsl] : paquet, colis
parents ['peərənts] : parents
park ['pɑːk] : garer
particularly [pə'tɪkjələlɪ] : particulièrement
party ['pɑːtɪ] : soirée, réunion
passport ['pɑːspɔːt] : passeport
pavement ['peɪvmənt] : trottoir
peas ['piːz] : petits pois
pedestrian [pɪ'destrɪən] : piéton
peel ['piːl] : éplucher
people ['piːpl] : gens
perfect [pə'fekt] : perfectionner
perfume ['pəːfjuːm] : parfum
persuade [pə'sweɪd] : persuader, convaincre
pet ['pet] : animal familier

petrol ['petrəl] : essence
phone ['fəun] : téléphoner
phone box ['fəun bɔks] : cabine téléphonique
phone call ['fəun kɔːl] : coup de téléphone
photograph ['fəutəgrɑːf] : photo
photographer [fə'tɔgrəfə] : photographe
piano ['pjænəu] : piano
pick ['pɪk] : cueillir
pick up ['pɪkʌp] : prendre, ramasser
picture ['pɪktʃə] : portrait
pill ['pɪl] : pilule
pilot ['paɪlət] : pilote
pity ['pɪtɪ] : dommage
place ['pleɪs] : endroit
plane ['pleɪn] : avion
planet ['plænɪt] : planète
plant ['plɑːnt] : planter
plant ['plɑːnt] : plante
play ['pleɪ] : jouer
play chess ['pleɪ 'tʃes] : jouer aux échecs
play truant ['pleɪ 'truənt] : faire l'école buissonnière
player ['pleɪə] : joueur
plenty of ['plentɪ əv] : un tas de
poker ['pəukə] : poker
poker face ['pəukə 'feɪs] : visage qui ne trahit aucune émotion
police car [pə'liːs kɑː] : voiture de police
policeman [pə'liːsmən] : agent de police
policewoman [pə'liːswumən] : femme-agent
polite [pə'laɪt] : poli
politician [pɔlɪ'tɪʃn] : homme politique
poor ['puə] : pauvre
pop music ['pɔp 'mjuːzɪk] : musique pop
postcard ['pəustkɑːd] : carte postale
potato [pə'teɪtəu] : pomme de terre
pound ['paund] : livre
powerful ['pauəful] : puissant
prescription [prɪs'krɪpʃn] : ordonnance
present [prɪ'zent] : donner, faire cadeau
present ['preznt] : cadeau
pretty ['prɪtɪ] : joli
principle ['prɪnsəpl] : principe
privilege ['prɪvɪlɪdʒ] : privilège
prize ['praɪz] : prix (remporté)
probably ['prɔbəblɪ] : probablement
promise ['prɔmɪs] : promettre
promise ['prɔmɪs] : promesse
protest [prə'test] : protester
psychiatrist ['saɪ'kaɪətrɪst] : psychiatre
pub ['pʌb] : café, bistrot
publicity [pʌ'blɪsɪtɪ] : publicité
pull [pul] : tirer
pull up ['pul ʌp] : tirer, remonter
put down ['put daun] : raccrocher, déposer
put up (a tent) ['put ʌp] : dresser
quarrel ['kwɔrəl] : se disputer
quarter of an hour ['kwɔːtər əv ən 'auə] : quart d'heure
queen ['kwiːn] : reine
question ['kwestʃn] : question
queue up ['kjuː ʌp] : faire la queue
quick ['kwɪk] : vite, rapidement
quiet ['kwaɪət] : tranquille, silencieux
racing car ['reɪsɪŋ kɑː] : voiture de course
radio ['reɪdɪəu] : radio
railings ['reɪlɪŋz] : clôture
rain ['reɪn] : pluie
rain ['reɪn] : pleuvoir
rarely ['reəlɪ] : rarement
raspberry ['rɑːzbrɪ] : framboise
rather ['rɑːðə] : assez, plutôt
raw ['rɔː] : cru
razor ['reɪzə] : rasseoir
reach ['riːtʃ] : parvenir à
read ['riːd] : lire
real ['rɪəl] : vrai
realize ['rɪəlaɪz] : se rendre compte de
really ['rɪəlɪ] : vraiment
receiver [rɪ'siːvə] : récepteur, écouteur

recognize ['rekəgnaɪz] : reconnaître
record ['rekɔːd] : disque
record [rɪ'kɔːd] : enregistrer
record-player ['rekɔːdpleɪə] : tourne-disque
redecorate [riː'dekəreɪt] : peindre et tapisser
relationship [rɪ'leɪʃnʃɪp] : relation
relaxing [rɪ'læksɪŋ] : décontractant
relief [rɪ'liːf] : soulagement
remark [rɪ'mɑːk] : remarque
remarkably [rɪ'mɑːkəblɪ] : remarquablement
remember [rɪ'membə] : se souvenir de
remind [rɪ'maɪnd] : faire penser à
report [rɪ'pɔːt] : rapporter, signaler
return [rɪ'təːn] : rendre, renvoyer
reverse [rɪ'vəːs] : faire marche arrière
revolution [revə'luːʃn] : tour, révolution
rich ['rɪtʃ] : riche
ridiculous [rɪ'dɪkjʊləs] : ridicule
ring ['rɪŋ] : sonner
rock-and-roll ['rɔkən'rəʊl] : rock
room [rʊm] [ruːm] : chambre
room [rʊm] [ruːm] : de la place
run away ['rʌn ə'weɪ] : s'enfuir, se sauver
run off ['rʌn ɔf] : s'enfuir, filer
Russian ['rʌʃn] : russe
sad ['sæd] : triste
safe ['seɪf] : sans danger, sûr
salt ['sɔːlt] : du sel
sandwich ['sænwɪdʒ] : sandwich
sarcastic [sɑː'kæstɪk] : sarcastique, mordant
Saturday ['sætədɪ] : samedi
save ['seɪv] : sauver
say ['seɪ] : dire
scissors ['sɪzəz] : ciseaux
scratch ['skrætʃ] : griffer
sea ['siː] : mer
search ['səːtʃ] : fouiller
second ['sekənd] : seconde

see ['siː] : voir
see of ['siː ɔf] : accompagner (pour dire au revoir)
seldom ['seldəm] : rarement
sell ['sel] : vendre
send ['send] : envoyer
sensible ['sensəbl] : sensé, raisonnable
sensitive ['sensɪtɪv] : sensible, susceptible
sentence ['sentəns] : phrase
serious ['sɪərɪəs] : sérieux
set off for work ['set ɔf fə'wəːk] : partir pour le travail
set the alarm for ['set ðɪə'lɑːm fə] : mettre le réveil à...
settle]'setl] : trancher, arranger
shop ['ʃɔp] : magasin
seven ['sevn] : sept
severe [sɪ'vɪə] : violent
sew ['səʊ] : coudre, attacher
shark ['ʃɑːk] : requin
sharp ['ʃɑːp] : tranchant, aigu, brusque
shave ['ʃəɪv] : se raser
sheep ['ʃiːp] : mouton (animal)
shirt ['ʃəːt] : chemise
shoe ['ʃuː] : soulier
shoelace ['ʃuːleɪs] : lacet (de soulier)
short ['ʃɔːt] : petit
short-sighted ['ʃɔːt 'saɪtɪd] : myope
show ['ʃəʊ] : montrer
show up ['ʃəʊʌp] : se présenter, apparaître
shut ['ʃʌt] : fermer
sickly ['sɪklɪ] : maladif
sickly-looking ['sɪklɪ'lʊkɪŋ] : ayant l'air maladif
sign ['saɪn] : signer
silly ['sɪlɪ] : stupide, bête
sing ['sɪŋ] : chanter
sink ['sɪŋk] : évier
sister ['sɪstə] : sœur
sit ['sɪt] : être assis
sit down ['sɪd daʊn] : s'asseoir
six ['sɪks] : six
skate ['skeɪt] : patiner
ski ['skiː] : skier
sky ['skaɪ] : ciel

sleep ['sli:p] : dormir
sleeping bag ['sli:pɪŋ bæg] : sac de couchage
slip away ['slɪp əweɪ] : filer
slowly ['sləʊli] : lentement
small ['smɔ:l] : petit
smashing ['smæʃɪŋ] : formidable
smile ['smaɪl] : sourire
smile from ear to ear ['smaɪl frəm 'ɪətʊ 'ɪə] : sourire jusqu'aux deux oreilles
smoke ['sməʊk] : fumer
snail ['sneɪl] : escargot
snore ['snɔ:] : ronfler
snow ['snəʊ] : neiger
so ['səʊ] : si, tellement
sock ['sɔk] : chaussette
sofa ['səʊfə] : canapé
something ['sʌmθɪŋ] : quelque chose
sometimes ['sʌmtaɪmz] : parfois
somewhere ['sʌmweə] : quelque part
sorry ['sɔrɪ] : désolé
sound one's horn ['saʊnd wʌnz 'hɔ:n] : klaxonner
sour ['saʊə] : aigre, sur
Spanish ['spænɪʃ] : espagnol
speak ['spi:k] : parler
special ['speʃəl] : spécial
speech ['spi:tʃ] : discours
speed limit ['spi:d lɪmɪt] : limitation de vitesse
spell ['spel] : épeler
spend ['spend] : passer (temps), dépenser
spider ['spaɪdə] : araignée
sporty [spɔ:tɪ] : sportif, sportive
spy ['spaɪ] : espion
stand ['stænd] : se trouver, être debout
stare (at) ['stɛərət] : regarder (fixement)
stark naked ['sta:k 'neɪkɪd] : entièrement nu
station ['steɪʃn] : gare
stay ['steɪ] : rester, demeurer, être installé à
steak ['steɪk] : bifteck
steal ['sti:l] : voler
step ['step] : marcher

stocking ['stɔkɪŋ] : bas
stomach ['stʌmək] : estomac
stop ['stɔp] : s'arrêter
story ['stɔ:rɪ] : histoire
strange ['streɪndʒ] : étrange, drôle
strawberry jam ['strɔ:brɪ dʒæm] : confiture de fraises
street ['stri:t] : rue
strong ['strɔŋ] : fort
stubborn ['stʌbən] : entêté
studio ['stju:dɪəʊ] : studio
study ['stʌdɪ] : étudier
submarine ['sʌbməri:n] : sous-marin
succeed [sək'si:d] : réussir
success [sək'ses] : succès
such a ['sʌtʃə] : si, tellement
suffer from ['sʌfə frəm] : souffrir de
sugar ['ʃʊgə] : du sucre
suitcase ['sju:tkeɪs] : valise
sun-glasses ['sʌngla:sɪz] : lunettes de soleil
sunbathe ['sʌnbeɪð] : prendre le soleil
Sunday ['sʌndɪ] : dimanche
suppose [sə'pəʊz] : supposer
sure (adv.) ['ʃʊə] : certainement
surfing-board ['sə:fɪŋbɔ:d] : planche à voile
surprise [sə'praɪz] : surprendre
surprise [sə'praɪz] : surprise
surprisingly [sə'praɪzɪŋlɪ] : étonnamment
suspend [səs'pend] : suspendre, condamner
swallow ['swɔləʊ] : avaler
sweep ['swi:p] : balayer
sweets ['swi:ts] : bonbons
swim ['swɪm] : nager
switch on ['swɪtʃɔn] : mettre (en marche)
symphony ['sɪmfənɪ] : symphonie
symptom ['sɪmptəm] : symptôme
table ['teɪbl] : table
tail ['teɪl] : queue
take ['teɪk] : emmener, prendre
take after ['teɪk a:ftə] : ressembler à

take an exam ['teɪk ən ɪg'zæm]: passer un examen
take down ['teɪk daʊn]: démonter
take in ['teɪk ɪn]: mettre dedans, rouler
take off ['teɪk ɔf]: enlever, ôter
talk ['tɔːk]: parler
talk nineteen to the dozen ['tɔːk 'naɪn'tiːn tədə 'dʌzn]: bavarder comme une pie
talk round ['tɔːk raʊnd]: enjôler
talk shop ['tɔːk ʃɔp]: parler métier, parler affaires
talkative ['tɔːkətɪv]: bavard
tall ['tɔːl]: grand, de haute taille
tango ['tæŋgəʊ]: tango
taxi ['tæksɪ]: taxi
taxi-driver ['tæksɪ draɪvə]: chauffeur de taxi
tea ['tiː]: du thé
teach ['tiːtʃ]: apprendre
teacher ['tiːtʃə]: professeur
teacup ['tiːkʌp]: tasse à thé
tear off ['tɛərɔf]: arracher
tease ['tiːz]: exciter, taquiner
teenager ['tiːneɪdʒə]: adolescent
telegram ['telɪgræm]: télégramme
tell ['tel]: dire
ten ['ten]: dix
tent ['tent]: tente
terribly ['terəblɪ]: terriblement
thank you ['θæŋkjʊ]: merci
the thing is... [ðə 'θɪŋɪz]: le problème, c'est...
theatre ['θɪətə]: théâtre
there is [ðərɪz]: il y a
these [ðiːz]: ceux-ci, ces
thief ['θiːf]: voleur
thing ['θɪŋ]: chose
think ['θɪŋk]: penser
thirsty ['θɜːstɪ]: assoiffé
this [ðɪs]: ceci
those ['ðəʊz]: ceux-là, ces
three ['θriː]: trois
thriller ['θrɪlə]: policier (roman)
throw ['θrəʊ]: jeter
Thursday ['θɜːzdɪ]: jeudi
tie ['taɪ]: cravate

tobacco [tə'bækəʊ]: tabac
today [tə'deɪ]: aujourd'hui
toe ['təʊ]: orteil
token ['təʊkn]: témoignage, indication
tolerant ['tɔlərənt]: tolérant
tomorrow [tə'mɔrəʊ]: demain
tone ['təʊn]: ton, air
too ['tuː]: aussi
too ['tuː]: trop
tooth ['tuːθ]: dent
toothache ['tuːθeɪk]: mal aux dents
top ['tɔp]: sommet
touch ['tʌtʃ]: toucher
tourist ['tʊərɪst]: touriste
towel ['taʊəl]: essuie-mains
tower ['taʊə]: tour
town ['taʊn]: ville
treat oneself to ['triːt wʌn'self tə]: s'offrir
tree ['triː]: arbre
trousers ['traʊzəz]: pantalon
true ['truː]: vrai
truth ['truːθ]: vérité
try ['traɪ]: essayer
Tuesday ['tjuːzdɪ]: mardi
tulip ['tjuːlɪp]: tulipe
tune ['tjuːn]: air
turn a deaf ear to ['tɜːnə 'def ɪə tə]: faire la sourde oreille
turn left ['tɜːn 'left]: tourner à gauche
turn off ['tɜːn ɔf]: fermer, couper
turn out ['tɜːn aʊt]: s'arranger
turn right ['tɜːn raɪt]: tourner à droite
two ['tuː]: deux
tycoon [taɪ'kuːn]: magnat
type ['taɪp]: type, genre
U turn ['juː 'tɜːn]: demi-tour
umbrella [ʌm'brelə]: parapluie
uncle ['ʌŋkl]: oncle
under ['ʌndə]: sous
understand [ʌndə'stænd]: comprendre
untie ['ʌn'taɪ]: dénouer
urgent ['ɜːdʒənt]: urgent
use ['juːz]: employer
very ['verɪ]: très

LEXIQUE ANGLAIS/FRANÇAIS

veterinary ['vetnrɪ] : vétérinaire
villain ['vɪlən] : scélérat, bandit
violin [vaɪə'lɪn] : violon
visit ['vɪzɪt] : rendre visite
wait for ['weɪtfə] : attendre
wake ['weɪk] : réveiller
wake up ['weɪkʌp] : se réveiller
walk ['wɔːk] : marcher, s'avancer
walk about ['wɔːkə 'baʊt] : se promener
waltz ['wɔːls] : valse
want ['wɒnt] : vouloir
warn ['wɔːn] : avertir, prévenir
wash ['wɒʃ] : laver
washing machine ['wɒʃɪŋmə'ʃiːn] : machine à laver
wasp ['wɒsp] : guêpe
watch ['wɒtʃ] : montre
watch out ['wɒtʃ aʊt] : faire attention, prendre garde
water ['wɔːtə] : arroser
water ['wɔːtə] : eau
water mains ['wɔːtə 'meɪnz] : conduites d'eau
wave goodbye ['weɪv gʊd'baɪ] : agiter la main en signe d'adieu
wealthy ['welθɪ] : riche
wear ['wɛə] : porter
Wednesday ['wenzdɪ] : mercredi
week ['wiːk] : semaine
weekend ['wiːk'end] : week-end
weight ['weɪt] : poids
weird ['wɪəd] : bizarre, étrange
well ['wel] : eh bien, ça alors

western ['westən] : western
where ['wɛə] : où
whether ['weðə] : si
whisky ['wɪskɪ] : whisky
whistle ['wɪsl] : siffler
white ['waɪt] : blanc
whose ? ['huːs] : à qui ?
why ['waɪ] : pourquoi ?
wife ['waɪf] : femme, épouse
wild-life ['waɪldlaɪf] : faune
win ['wɪn] : gagner
window ['wɪndəʊ] : fenêtre
wine ['waɪn] : vin
with ['wɪð] : avec
without [wɪ'ðaʊt] : sans
wonderful ['wʌndəfʊl] : merveilleux
word ['wəːd] : mot
work ['wəːk] : travail
world ['wəːld] : monde
worry ['wʌrɪ] : se tracasser
write ['raɪt] : écrire
wrong ['rɒŋ] : faux, mauvais
yacht ['jɒt] : yacht
yawn ['jɔːn] : bâiller
year ['jɪə] : année
yellow ['jeləʊ] : jaune
yesterday ['jestədɪ] : hier
you're kidding ['jɔː 'kɪdɪŋ] : tout ça c'est des blagues !
young ['jɒŋ] : jeune
your ['jɔː] : ton, ta, tes, votre vos
yours ['jɔːz] : le tien
zebra crossing ['ziːbrə'krɒsɪr passage pour piétons

IMPRIMÉ EN FRANCE PAR BRODARD ET TAUPIN
6501M-5 - Usine de La Flèche (Sarthe), le 26-10-1995

pour le compte des
Nouvelles Éditions Marabout
D.L. octobre 1995/0099/385
ISBN : 2-501-00753-0